AF597658

Band 25

Schriften zum Notarrecht

Herausgegeben von der
Deutschen Notarrechtlichen Vereinigung e.V. (NotRV)

Prof. Dr. Walter Bayer/Prof. Dr. Elisabeth Koch (Hrsg.)

Die BGB-Gesellschaft im Grundbuch

Nomos

Die Deutsche Nationalbibliothek verzeichnet diese Publikation in der Deutschen Nationalbibliografie; detaillierte bibliografische Daten sind im Internet über http://dnb.d-nb.de abrufbar.

ISBN 978-3-8329-6774-1

1. Auflage 2011

Vorwort

Im Anschluss an vielfältige Vorarbeiten aus dem gesellschaftsrechtlichen Schrifttum hat der II. Zivilsenat des BGH mit dem Grundsatzurteil vom 29.1.2001 (BGHZ 146, 341 – Weißes Roß) die uneingeschränkte Rechtsfähigkeit der (Außen-)BGB-Gesellschaft anerkannt und damit verbunden zugleich die akzessorische Haftung der Gesellschafter für Gesellschaftsschulden analog § 128 HGB festgestellt. Mit dieser Rechtsprechungswende hat der BGH nahezu uneingeschränkte Zustimmung aus den Reihen des Gesellschaftsrechts erfahren. Der Verfasser dieser Zeilen erlaubt sich hier den Hinweis, dass im Jenaer Hörsaal bereits seit dem Jahre 1995 im Rahmen der gesellschaftsrechtlichen Vorlesung jedenfalls für unternehmenstragende BGB-Gesellschaften allein dieser dogmatisch gut begründete und auch rechtspolitisch interessengerechte Standpunkt vertreten und der damals h.M. entgegen gehalten wurde – Halbheiten wie die „beschränkte Teilrechtsfähigkeit" der BGB-Gesellschaft oder die „Doppelverpflichtungslehre" im Kontext der persönlichen Haftung der Gesellschafter wurden bereits damals als wenig überzeugend abgelehnt. In der Folgezeit wurde in Rechtsprechung und Schrifttum kontrovers die Grundbuchfähigkeit der BGB-Gesellschaft diskutiert. Mit seiner Grundsatzentscheidung vom 4.12.2008 (BGHZ 179, 102) hat der V. Zivilsenat diesen Streit entschieden und die Rechtsprechung des II. Zivilsenats konsequent fortgeführt, so dass als Rechtsträger die BGB-Gesellschaft in das Grundbuch einzutragen war, und zwar nicht notwendigerweise unter Angabe ihrer Gesellschafter.

Nach stürmischen Protesten von Seiten der Praxis sowie des grundbuchrechtlichen Schrifttums hat in der Folgezeit der Gesetzgeber interveniert und im Jahre 2009 durch das „Gesetz zur Einführung des elektronischen Rechtsverkehrs und der elektronischen Akte im Grundbuchverfahren sowie zur Änderung weiterer grundbuch-, register- und kostenrechtlicher Vorschriften (ERVGBG)" die §§ 899a BGB und 47 Abs. 2 GBO eingeführt. Seither sind (wieder) die Gesellschafter im Grundbuch einzutragen, wenn eine GbR als Berechtigte im Grundbuch eingetragen wird. Auf diese

Weise soll – so die Gesetzesbegründung – gewährleistet werden, dass an die Eintragung der Gesellschaft wieder eine materiellrechtliche Vermutung bezogen auf die Gesellschafterstellung und die entsprechende Anwendbarkeit der § 892 ff. BGB geknüpft werden kann. Darüber hinaus enthält § 899a BGB die Vermutung, dass die GbR ordnungsgemäß vertreten ist, wenn diejenigen Personen in ihrem Namen handeln, die als ihre Gesellschafter im Grundbuch verlautbart sind.

Nunmehr verschärften indes verschiedene Oberlandesgerichte ihre Rechtsprechung und forderten im Rahmen des § 29 GBO Nachweise zur Existenz der GbR, ggf. zur Identität der aktuellen GbR mit einer früher gegründeten GbR, sowie der Vertretungsberechtigung der für die GbR aktuell handelnden Personen, die oftmals nicht ohne weiteres zu erbringen waren, so dass Grundbucheintragungen und damit Grundstücksgeschäfte erschwert wurden oder gar scheiterten. Dem BGH lagen zum Zeitpunkt der Tagung zahlreiche Rechtsbeschwerden vor. Eine Entscheidung dazu stand allerdings noch aus.

Das Institut für Notarrecht an der Friedrich-Schiller-Universität Jena hat sich mit sämtlichen aufgeworfenen Fragen auf seinem 6. Symposion am 8. April 2011 intensiv beschäftigt. Gesellschaftsrechtler und Experten des Grundstücksrechts, Wissenschaftler und Praktiker tauschten ihre zum Teil sehr gegensätzlichen Positionen in drei Referaten sowie einer kontrovers geführten Podiumsdiskussion äußerst lebhaft aus, und zwar auf einem sehr hohen Niveau und stets mit großem Verständnis auch für abweichende Positionen. Das Ergebnis war eine Defizitanalyse der lex lata sowie damit verbunden ein rechtspolitischer Vorschlag, der an den Gesetzgeber adressiert ist; die am Schluss dieses Tagungsbands abgedruckten Thesen verantwortet jedoch allein das Jenaer Institut für Notarrecht, und zwar konkret in Person von *Prof. Dr. Walter Bayer* und *Notar Prof. Dr. Stefan Hügel*. Doch sind wir der festen Überzeugung, dass unsere Vorschläge von einem breiten Konsens getragen werden.

Nunmehr hat sich der V. Zivilsenat in seinem Beschluss vom 28.4.2011 (Az.: V ZB 194/10) der Ansicht eines unserer Referenten, Herrn *PD Dr. Christoph Reymann,* angeschlossen. Danach reicht es für die Eintragung des Eigentumswechsels aus, wenn die GbR und die Gesellschafter in der notariellen Auflassungsurkunde benannt sind. Eines gesonderten Nachweises in der Form des § 29 GBO, dass die in der notariell beurkundeten Auflassung enthaltenen Angaben zur GbR zutreffen, bedarf es nicht. Etwas anderes gilt nur dann, wenn dem Grundbuchamt die Unrichtigkeit der Angaben bekannt ist. Der Praxis mag diese Grundsatzentscheidung des BGH vorerst weiterhelfen. Die im Rahmen des Symposiums aufgezeigten Defizite der gesetzlichen Regelung werden hierdurch jedoch nicht behoben.

Zum Abschluss sei nochmals den Referenten sowie auch den übrigen Teilnehmern der Podiumsdiskussion ganz herzlich gedankt!

Prof. Dr. Walter Bayer

Geschäftsführender Direktor des
Instituts für Notarrecht an der
Friedrich-Schiller-Universität Jena

Inhaltsverzeichnis

Die (Außen-)BGB-Gesellschaft – Eine rechtsfähige Personengesellschaft

Vom Sonder-(Gesamthands-)Vermögen zum Personenverband

Prof. Dr. Dr. h.c. mult. Peter Ulmer

I. Einführung

1. Zum Thema

Ich danke dem Jenaer Institut für Notarrecht und seinen Direktoren, Herrn Kollegen Bayer und Herrn Notar Hügel, für die Einladung zur Diskussion über „Die BGB-Gesellschaft im Grundbuch“ auf dem heutigen Symposium. Als Redner aus gesellschaftsrechtlicher Sicht gefragt, bin ich der Einladung gerne gefolgt. Zwar herrscht unter Gesellschaftsrechtlern seit dem Grundsatzurteil BGHZ 146, 341 eindeutig die Meinung vor, die Diskussion über die Rechtsfähigkeit der (Außen-)BGB-Gesellschaft habe damit ein (glückliches) Ende gefunden und es gehe seitdem vor allem noch darum, einerseits die Tragweite der Rechtsfähigkeit (auch für Innengesellschaften?) festzulegen und andererseits Analogievoraussetzungen und -grenzen im Verhältnis zum OHG-Recht zu bestimmen. Jedoch hat sich eine für die meisten Gesellschaftsrechtler neue Perspektive daraus ergeben, dass im Immobiliarsachenrecht und vor allem im Grundbuchrecht die Anerkennung der Rechtsfähigkeit der GbR erhebliche Rechtsunsicherheit ausgelöst hat. Darauf deutet jedenfalls die Vielzahl der obergerichtlichen Entscheidungen zur Frage der Voraussetzungen für eine Grundbucheintragung der GbR angesichts der dabei auftretenden Nachweisprobleme hin.[1] Wie sich zeigt, hat auch der Gesetzgeber mit seinen auf Klarstellung abzie-

1 Die neueste Zusammenstellung bringt OLG Köln v. 29.11.2010 – 2 Wx 26/10 – ZIP 2011, 713, 714 f.; seither auch OLG Rostock v. 14.9.2010 – 3 W 100/10 – DB 2011, 867.

lenden Regelungen im ERVGBG es nicht vermocht, dieser Unsicherheit flächendeckend abzuhelfen; das gilt vor allem in Fällen, in denen die GbR als Erwerberin von Grundeigentum auftritt und ihre Gesellschafter sich daher nicht auf die Vermutung des § 899a i.V.m. § 891 BGB berufen können.[2] Die zahlreichen Fragen, die sich in diesem Zusammenhang stellen, wurden – wenn auch überpointiert – in dem den Symposiumsteilnehmern vermutlich wohlbekannten Großaufsatz von *Bestelmeyer* über die „klinisch tote BGH-GbR“ unübersehbar zusammengestellt.[3]

Vor diesem Hintergrund ist es besonders dankenswert, dass das Jenaer Institut für Notarrecht mit seinem heutigen Symposium die Thematik aufgegriffen hat, um – insbesondere mit Blick auf die Veräußerung und den Erwerb von Grundbesitz durch BGB-Gesellschaften[4] – nach einem Ausweg aus dem eingetretenen Dilemma (wenn es denn ein solches ist) zu suchen. An dieser Suche will ich mich gerne beteiligen, auch wenn die Hauptlast dabei auf der Seite der Grundbuchrechtler liegt. Insbesondere wird aus gesellschaftsrechtlicher Sicht zu fragen sein, ob und inwieweit die Einführung eines – durchaus fakultativen – Registers für BGB-Gesellschaften sich entgegen den Erwartungen des ERVGBG-Gesetzgebers als hilfreich erweisen und dazu beitragen könnte, die derzeit bestehenden Barrieren für BGB-Gesellschaften im Grundbuchverfahren abzubauen.

2. Zum Aufbau meines Referats

Meine Rolle im heutigen Symposium sehe ich vor allem in der Darstellung der Hintergründe und der Entwicklungen zur rechtsfähigen GbR. Es wird mir darum gehen, dass – entgegen wohl verbreiteter Annahme – diese Entwicklung nicht nur auf der Durchsetzung dogmatischer Anliegen als Folge einer langjährigen wissenschaftlichen Diskussion beruht, sondern dass es durchaus auch um

2 Vgl. näher das Referat von *Reymann*, BGB-Gesellschaft und Erwerb, nachfolgend S. 54.
3 *Bestelmeyer*, Rpfleger 2010, 169 bis 192.
4 Dazu die beiden folgenden Referate von *Häublein* und *Reymann* (S. 34, 54).

praktische Gründe der Transparenz und Vereinfachung des GbR-Rechts geht, die zur Anerkennung der Rechtsfähigkeit der Außen-GbR beigetragen haben.

Im Einzelnen gliedert sich mein Referat in vier Schritte:
Zunächst will ich kurz auf die Grundlagen und Gegenstände der aktuellen Diskussion eingehen, darunter insbesondere auf den Regelungshintergrund der §§ 705 ff. BGB bei Erarbeitung des Bürgerlichen Gesetzbuchs, auf die Bedeutung der Rechtsfigur der Gesamthand für die Anerkennung der Rechtsfähigkeit der GbR sowie auf die Vielfalt von Arten und Formen der GbR, wie man sie angesichts der Generalklausel des § 705 BGB in der Wirklichkeit antrifft.

Der folgende Abschnitt soll sich mit der Rechtsentwicklung vom Objekt Sondervermögen (Gesamthand) zum Subjekt GbR befassen. Ausgehend von der Rechtslage im Jahr 1900 und der lange vorherrschenden Sondervermögensbetrachtung will ich den Neuansatz von *Werner Flume* in der Zeit nach 1970 und dessen Hintergründe aufzeigen. Es folgt ein Überblick über die zunehmende Annäherung der höchstrichterlichen Rechtsprechung in den Jahren zwischen 1980 und 2000 an die neue „Gruppen"-Lehre von *Flume* sowie über die normativen Ausprägungen, die das Rechtsfähigkeitskonzept in Rechtsnormen aus der Zeit seit Ende des letzten Jahrhunderts gefunden hat.

Der dritte Abschnitt wird sich mit dem Durchbruch befassen, den das Grundsatzurteil BGHZ 146, 341 (Arge Weißes Roß) für *Flumes* Gruppenlehre gebracht hat. Dabei geht es um die Tragweite dieses Urteils sowohl in rechtlicher als auch in faktischer Hinsicht. Dem schließen sich einige Überlegungen zu den Folgerungen des Urteils für die Grundbuchfähigkeit der GbR und für das entsprechende Urteil des V. Senats BGHZ 179, 102 an, verbunden mit einem kurzen Blick auf die Relevanz des ERVGBG für die Thematik.

Der letzte Abschnitt soll der Frage gewidmet sein, ob und mit welchen Maßgaben es sich empfiehlt, ein GbR-Register einzuführen, um den Schwierigkeiten im Grundbuchverkehr in geeigneter Weise Rechnung tragen zu können. Dabei wird es auch um die Frage gehen, ob außer den (relativ) eindeutigen Fällen einer Außen-GbR auch solche Gesellschaften registerfähig sein sollten, die ohne die Absicht, am Rechtsverkehr teilzunehmen, sich im wesentlichen auf das Halten und Verwalten einer oder weniger Immobilien beschränken. Eine weitere Frage wird darauf gerichtet sein, ob eines der schon vorhandenen Register, etwa das Handels- oder das Partnerschaftsregister, sich zur Aufnahme auch von BGB-Gesellschaften eignet oder ob es sich empfiehlt, insoweit ein separates Register bei den registerführenden Amtsgerichten zur Verfügung zu stellen.

II. Rechtsgrundlagen

1. Zur Entstehungsgeschichte der §§ 705 bis 740 BGB: vom Schuldverhältnis zur Gesamthand

Die Diskussionen über die gesetzliche Regelung der BGB-Gesellschaft und deren rechtliche Ausgestaltung verliefen bekanntlich wechselhaft.[5] So war im I. Entwurf des BGB die GbR als schlichtes Schuldverhältnis im Anschluss an die gemein- (römisch) rechtliche societas geplant.[6] Die Gründung der GbR sollte durch Vertragsschluss der Beteiligten zur Verfolgung eines gemeinsamen Zwecks unter Leistung von Beiträgen erfolgen. Ein separates Vermögen der Gesellschaft sollte es nicht geben. Vielmehr war insoweit an eine Rechtsgemeinschaft nach Bruchteilen (§ 741 BGB) gedacht.

Die Konzeption änderte sich im II. Entwurf des BGB, der die Ausweitung der Struktur der Gesellschaft auf ein Gesamthandsvermögen als Sondervermögen der Gesellschafter brachte.[7] Diesem Zweck dienten die nachträgliche Einfügung der (heutigen) §§ 718-720 und 738 BGB. Sie zielten auf die Etablierung eines

5 Vgl. nur *Flume*, Die Personengesellschaft, 1977, S. 2 ff. und BGH v. 29.1.2001 – II ZR 331/00 – BGHZ 146, 341, 343.

6 Mot. II 591 = Mugdan II 330.

7 Prot. II 429 = Mugdan II 990.

Sondervermögens der Gesellschafter, das der Verfolgung des gemeinsamen Zwecks gewidmet sein und Schutz vor dem Zugriff einzelner Gesellschafter ohne Legitimation durch die übrigen genießen sollte.

2. Die drei Arten der BGB-Gesamthand

Die Rechtsfigur der Gesamthand hat im BGB bekanntlich keine einheitliche Regelung gefunden. Vielmehr trifft man die Gesamthand in unterschiedlicher Ausgestaltung in drei Rechtsbereichen an: dem Gesellschaftsrecht, dem Recht der ehelichen Gütergemeinschaft und demjenigen der Erbengemeinschaft. Die Gemeinsamkeiten beschränken sich darauf, dass die einzelnen Gesamthänder nicht berechtigt sind, über ihren „Anteil… an den einzelnen zum Gesamthandsvermögen gehörenden Gegenständen zu verfügen". Dieses Verfügungsverbot ist sachlogisch, denn es folgt schon daraus, dass es derartige Anteile an den *einzelnen* Vermögensgegenständen für die Gesamthänder nicht gibt; diese sind anteilig vielmehr nur am Gesamthandsvermögen als solchem beteiligt. Daher verstehen sich die entsprechenden Regelungen in den §§ 719 Abs. 1, 1419 Abs. 1, 2033 Abs. 2 BGB von selbst.

Im Übrigen sind die zwischen den einzelnen Gesamthandsgemeinschaften bestehenden Unterschiede aber zahlreich. So geht die Entstehung der Gesamthand bei Gesellschaft und Gütergemeinschaft jeweils auf einen (freilich inhaltlich sehr unterschiedlichen) Vertrag zurück, während sie im Erbrecht auf der gemeinsamen Berufung der Beteiligten als Erben beruht. Bestand hat die Gesamthand bei der Gütergemeinschaft grundsätzlich lebenslang bzw. für die Dauer der Ehe, bei der GbR für die Dauer der Gesellschaft, die je nach Ausgestaltung langfristig angelegt oder als Gelegenheitsgesellschaft konzipiert sein kann; demgegenüber ist die Erbengemeinschaft typischerweise auf Abwicklung des gesamthänderischen Nachlasses gerichtet. Unterschiede finden sich auch in Bezug auf die Organe, die über das Sondervermögen verfügen können. Sie gibt es bei der Gesellschaft bürgerlichen Rechts als Geschäftsführer (vgl. §§ 709, 714) und bei der Gütergemeinschaft in Gestalt des

Verwalters des Gesamtguts. Demgegenüber müssen bei der Erbengemeinschaft grundsätzlich alle Erben zusammenwirken. Was schließlich die Verfügung über den jeweiligen Gesamthandsanteil angeht, so ist sie bei der Gütergemeinschaft ausgeschlossen. Bei der Erbengemeinschaft besteht ein Verfügungsrecht jedes Miterben, eingeschränkt nur durch das Vorkaufsrecht der übrigen Miterben (§§ 2033, 2034 BGB). Bei der BGB-Gesellschaft hängt das Verfügungsrecht des einzelnen Gesellschafters über den Anteil davon ab, ob es im Gesellschaftsvertrag vorgesehen ist oder ob die Mitgesellschafter im Einzelfall zustimmen.

Der Überblick zeigt, dass die Gesamthand im BGB als rechtstechnisches Mittel verwendet wird, um das Sondervermögen gegen Aushöhlungen durch die einzelnen Beteiligten zu schützen. Von diesem gemeinsamen Grundanliegen abgesehen, herrschen jedoch die Unterschiede deutlich vor. Daher ist die Gesamthand als solche auch nicht geeignet, um darauf die Rechtsfähigkeit der GbR zu stützen; das gilt auch für die Erbengemeinschaft.[8] Das Gemeinsame der Rechtsfigur beschränkt sich vielmehr auf die vermögensrechtliche Seite. Der Weg zur Rechtsfähigkeit der GbR führt nicht über das Gesamthandsvermögen als solches.

3. Die große Variationsbreite der GbR-Erscheinungen als Problem

a) Das „liberale“ Modell des § 705 BGB gestattet es, die GbR als Grundform der Personengesellschaften in großer Variationsbreite anzuwenden.[9] Typische Unterschiede finden sich einerseits zwischen den Außen- und Innengesellschaften, wobei man mit Außengesellschaften solche meint, die über eine besondere Identitätsausstattung (Namen, Organe, Haftungsfonds) verfügen und zur Teilnahme am Rechtsverkehr bestimmt sind, während Innengesellschaften typischerweise weder eine Identitätsausstat-

8 Die gegenteilige Ansicht von *Grunewald* AcP 197 (1997), 305 ff., hat sich zu Recht nicht durchgesetzt – zur Kritik daran vgl. nur *Ulmer* AcP 198 (1998) 113, 124 ff.

9 Überblick bei *Ulmer* in: MünchKomm, BGB, 5. Aufl. 2009, Vor § 705 Rn. 34 ff.

tung noch ein Sondervermögen haben.[10] Schwierigkeiten bereitet hier die Zuordnung derjenigen Gesellschaften, die zwar über ein gewisses Vermögen verfügen, bei denen die Gesellschafter jedoch nicht gemeinsam nach außen hervortreten wollen.[11]

Ein anderer typischer Unterschied besteht zwischen den Dauer- und den Gelegenheitsgesellschaften.[12] Dauergesellschaften werden meist auf unbegrenzte Zeit eingegangen, so bei den vertraglichen Zusammenschlüssen von Freiberuflern oder Kleingewerbetreibenden, bei der gemeinsamen Vermögensverwaltung oder bei Trägerorganisationen für wissenschaftliche Einrichtungen. Demgegenüber verfolgen Gelegenheitsgesellschaften typischerweise einen einmaligen oder begrenzten Zweck wie im Falle von Urlaubsfahrten, Wettgemeinschaften, aber auch bei Emissionskonsortien und Arbeitsgemeinschaften.[13]

b) Für die Diskussion um die Rechtsfähigkeit der GbR war prägendes Beispiel stets die Außengesellschaft mit Identitätsausstattung. Auf sie bezog sich auch das Grundsatzurteil BGHZ 146, 341 mit dem 1. Leitsatz: „Die (Außen-)Gesellschaft bürgerlichen Rechts besitzt Rechtsfähigkeit, soweit sie durch Teilnahme am Rechtsverkehr eigene Rechte und Pflichten begründet.“ Ob und inwieweit darüber hinaus auch Innengesellschaften mit Sondervermögen als rechtsfähig angesehen werden könnten oder sollten, blieb sowohl im Grundsatzurteil als auch in der darauf folgenden literarischen Diskussion letztlich offen.[14] Auf diese Frage ist im Zusammenhang mit den Überlegungen zur Einführung eines GbR-Registers zurückzukommen (unter V 2).

10 Dazu *Ulmer,* in: MünchKomm, BGB, 5. Aufl. 2009, § 705 Rn. 253 ff., 275 ff. m. Nachw.

11 Vgl. näher *Ulmer,* in: MünchKomm, BGB, 5. Aufl. 2009, § 705 Rn. 277 ff., 280.

12 Dazu näher *Ulmer,* in: MünchKomm, BGB, 5. Aufl. 2009, Vor § 705 Rn. 86 ff.

13 Vgl. nur *Ulmer,* in: MünchKomm, BGB, 5. Aufl. 2009, Vor § 705 Rn. 34 f., 43 ff., 51 ff.

14 Dazu einerseits *Habersack,* BB 2001, 585, 592 ff., andererseits *Ulmer,* ZIP 2001, 585, 592 ff. und *ders.*, in: MünchKomm, BGB, 5. Aufl. 2009, § 705 Rn. 306.

III. Die Rechtsentwicklung der GbR vom Objekt zum Subjekt

1. Die Ausgangslage im Jahr 1900

Von wenigen Sonderstimmen abgesehen, wurde die GbR bei Inkrafttreten des BGB als Schuldverhältnis mit gemeinsamem Rechtsobjekt der Gesellschafter (Gesamthandsvermögen) angesehen. Der Gesellschaftsvertrag galt als die Grundlage des Zusammenschlusses. Nicht die Gesellschaft, sondern die Gesellschafter persönlich waren die Subjekte, die als gemeinsame Teilnehmer am Rechtsverkehr und als Haftungsschuldner (§ 714 BGB) betrachtet wurden. Das Gesellschaftsvermögen galt als mithaftendes Sonder-(Gesamthands-)vermögen der Gesellschafter (§§ 718 BGB, 736 ZPO) neben ihrem Privatvermögen. Beim Gesellschafterwechsel wurde mittels des Anwachsungsprinzips der §§ 719, 738 Abs. 1 S. 1 BGB erreicht, dass ausscheidende Gesellschafter nicht mehr am Gesamthandsvermögen beteiligt waren, während neu eintretende Gesellschafter einen eigenen Anteil daran erlangten („Abwachsung").

Probleme zeigte diese Betrachtung der GbR bzw. ihres Vermögens als Rechtsobjekt der Gesellschafter vor allem in zweierlei Hinsicht. So stellte sich zum einen im Falle der Mitgliedschaft der Gesellschaft(er) an anderen Personenverbänden die Frage, ob die Gesellschafter je persönlich oder aber in Gestalt ihres Zusammenschlusses Mitglieder des anderen Personenverbands geworden seien; hierauf ist unten am Beispiel des Eintritts in eine Genossenschaft zurückzukommen.[15] Zum anderen und vor allem ergaben sich nicht wenige Fragen im Hinblick auf die Haftungsverhältnisse in der GbR.[16] Problematisch war in dieser Richtung insbesondere die Haftung für rechtsgeschäftliche Verbindlichkeiten:

- Traf sie die Gesellschafter mit ihrem Privatvermögen umfassend oder konnten diese insbesondere in Fällen eines ideellen ge-

15 Vgl. unten (Text bei Fn. 27).

16 Dazu treffend auch BGH v. 29.1.2001 – II ZR 331/00 – BGHZ 146, 341, 344 f.

meinsamen Zwecks oder im Fall einer Bauherrengemeinschaft ihre Haftung auf das Gesellschaftsvermögen beschränken?[17]

- Welche Bedeutung hatte das Vorliegen von Leistungsstörungen i.S. von § 425 BGB (Verzug, Verschulden, Unmöglichkeit) für den Haftungsumfang der Beteiligten – haftete nur der jeweils handelnde Gesellschafter oder erstreckte sich die Haftung auf die Gesamthand?[18]
- Worauf richtete sich die persönliche Haftung mit Blick auf die einzelnen Gesellschafter: Schuldeten sie die versprochene Leistung der GbR auch persönlich oder beschränkte sich ihre Haftung darauf, finanziell für die Leistung der Gesamthand einzustehen?[19]
- Wie sah es beim Gesellschafterwechsel aus: Konnte der Gläubiger einen Titel auch gegen neueintretende Gesellschafter erlangen, um in das Gesellschaftsvermögen vollstrecken zu können (§ 736 ZPO)?[20]
- Schließlich: Haftete auch die Gesamthand (das Gesellschaftsvermögen) für deliktische Verbindlichkeiten, wenn nur ein Teil der Gesellschafter in Verfolgung des Gesellschaftszwecks deliktisch handelte? Insbesondere: Gab es eine Basis für die Anwendung des § 31 BGB im Verhältnis zur Gesellschaft?[21]

17 Vgl. dazu – noch auf der Grundlage der „Doppelverpflichtungstheorie" zu § 714 BGB – *Ulmer*, in: MünchKomm, BGB, 3. Aufl. 1997, § 714 Rn. 31 ff., 42 f.

18 Zur Fragestellung vgl. *Ulmer*, in: MünchKomm, BGB, 3. Aufl. 1997, § 714 Rn. 48 f.

19 Dazu (unter Hinweis auf die entsprechende Problematik im OHG-Recht) *Ulmer*, in: MünchKomm, BGB, 3. Aufl. 1997, § 714 Rn. 51 f.

20 Zur Frage persönlicher Haftung des Neueintretenden für Gesamthandsschulden aus Sicht der früher vorherrschenden „Doppelverpflichtungstheorie" (Fn. 24) vgl. *Ulmer*, in: MünchKomm, BGB, 3. Aufl. 1997, § 714 Rn. 64 f., zu den prozessualen und vollstreckungsrechtlichen Folgen eines Gesellschafterwechsels nach Klageerhebung bzw. nach rechtskräftigem Titel zur Vollstreckung in das Gesamthandsvermögen vgl. *dens.* § 718 Rn. 61 ff., 64.

21 Vgl. nur *Ulmer*, in: MünchKomm, BGB, 3. Aufl. 1997, § 718 Rn. 36 und BGH v. 30.6.1966 – VII ZR 23/65 – BGHZ 45, 311, 313.

2. Die „Gruppen"-Lehre von Flume

Eine in sich stimmige Antwort auf die nicht wenigen vorstehend (unter 1.) genannten Fragen bot erstmals nach 1970 die von *Werner Flume*[22] im Anschluss an *Otto von Gierke*[23] entwickelte sog. „Gruppen"-Lehre, wonach die gesellschaftsrechtliche Gesamthand (Gruppe) als ein besonderes, aus der Gesamtheit der Gesellschafter bestehendes *Zuordnungssubjekt* anzusehen ist. Nach *Flume* handelte es sich bei ihr um eine „überindividuelle Wirkungseinheit", die mehr sei als die Zusammenfassung der an der Gesamthand beteiligten Gesellschafter, wie der Gesetzgeber für die OHG und KG in § 124 Abs. 1 HGB auch schon anerkannt habe; diese Vorschrift sei entgegen der traditionellen Lehre nicht eine rechtsbegründende, sondern eine klarstellende Norm.

Als Schlussfolgerungen aus der Gruppenlehre von *Flume* ergaben sich insbesondere die folgenden Punkte:

- als *Vertragspartner* der Rechtsbeziehungen der Gesamthand mit Dritten ist die GbR als solche anzusehen, abweichend von dem Wortlaut des § 714 BGB, wonach der geschäftsführende Gesellschafter im Zweifel auch ermächtigt ist, „die anderen Gesellschafter" (und nicht die Gruppe als solche) Dritten gegenüber zu vertreten;
- es gibt nicht nur eine Art von *Haftungsschuldnern* (die Gesellschafter) mit unterschiedlichen Haftungsobjekten, sondern zwei Arten von Haftungsschuldnern, nämlich
  1. die Gesamthand als Vertragspartner
  2. die Gesellschafter persönlich als (akzessorische?) Gesamtschuldner;
- für die Gesamt*hands*schulden haftet (nur) das Gesellschaftsvermögen mit der doppelten Folge, dass
  1. Gesamthandsschulden als solche nicht zum Zugriff auf das persönliche Vermögen der Gesellschafter berechtigen,
  2. ein Zugriff auf das Sondervermögen entgegen dem Wortlaut des § 736 ZPO nicht schon mit jeder Art von Titeln gegen

22 AaO (Fn. 5) S. 50 ff. und zuvor schon *ders.*, ZHR 136 (1972), 177 ff.
23 Deutsches Privatrecht, Bd. 1, 1895, S. 663 ff., 682.

alle Gesellschafter persönlich, sondern nur mit einem auf Gesamthandsverbindlichkeiten beruhenden Titel gegen die Gesellschafter erfolgen kann.

3. Die BGH-Rechtsprechung vor 2001 als graduelle Annäherung an die Gruppenlehre

In der Rechtsprechung des II. Zivilsenats seit etwa 1980 war eine graduelle Annäherung an die Gruppenlehre *Flumes* zu beobachten. So setzte sich allmählich die Unterscheidung zwischen Gesamthands- und Gesamtschulden durch, wenn auch als Grundlage für die persönliche Haftung der Gesellschafter noch die sog. Doppelverpflichtungstheorie vorherrschte, wonach die zu Vertretern der GbR berufenen Gesellschafter sowohl im Namen der GbR als auch der Gesellschafter persönlich handelten, wenn sie im Rechtsverkehr nichts Abweichendes zum Ausdruck brachten.[24] Wurde ein Vertrag namens der Gesellschaft (bzw. namens aller Gesellschafter) mit einem Dritten geschlossen und besaß der handelnde Gesellschafter nicht die dafür erforderliche Vertretungsmacht der Übrigen, so sollte bei späterem Gesellschafterwechsel das Zustimmungsrecht des § 184 BGB nicht dem Ausgeschiedenen, sondern dem zwischenzeitlich beigetretenen Gesellschafter zustehen.[25] Die Mitgliedschaft der GbR in anderen Verbänden wurde wiederholt als rechtlich zulässig angesehen, wobei zunächst noch an die gemeinsame Mitgliedschaft

24 Näheres zur „Doppelverpflichtungstheorie“ auf der Grundlage des § 714 BGB und zu ihrer Unterscheidung gegenüber der auf Analogie zu § 128 HGB gestützten Akzessorietätstheorie vgl. bei *Ulmer*, in: MünchKomm, BGB, 3. Aufl. 1997, § 714 Rn. 25 ff. Aus der höchstrichterlichen, im Sinne der Doppelverpflichtungstheorie zu verstehenden Rechtsprechung vor BGH v. 29.1.2001 – II ZR 331/00 – BGHZ 146, 341 vgl. insbes. BGH v. 30.4.1979 – II ZR 137/78 – BGHZ 74, 240, 242 (1979); BGH v. 15.12.1980 – II ZR 52/80 – BGHZ 79, 374, 377 (1981); BGH v. 10.2.1992 – II ZR 54/91 – BGHZ 117, 168, 176 (1992); BGH v. 15.7.1997 – XI ZR 154/96 – BGHZ 136, 254, 257 (1997). Den Meinungsstreit offen lassend dann BGH v. 27.9.1999 – II ZR 371/98 – BGHZ 142, 315, 319 ff. (1999).

25 BGH v. 15.12.1980 – II ZR 52/80 – BGHZ 79, 374, 378 f. (1981).

aller Gesellschafter gedacht war;[26] in einem auf den Eintritt in eine Genossenschaft bezogenen Urteil wurde dann aber klargestellt, dass Mitglied in der Genossenschaft nicht die einzelnen Gesellschafter in ihrer gesamthänderischen Verbundenheit seien, sondern die Gesellschaft als solche, die sinngemäß auch die Beitrittsvoraussetzungen zur Genossenschaft erfüllen müsse.[27] Schließlich bejahte der XI. Zivilsenat des BGH auch die Scheckfähigkeit der GbR in einer insolvenzrechtlichen Angelegenheit, in der es aus Aufrechnungsgründen darauf ankam, dass die GbR als Scheckausstellerin auch selbst für den Scheckbetrag hafte.[28]

Es gab auch abweichende Urteile, so wenn der I. Zivilsenat die Markenfähigkeit der GbR verneinte[29] oder der V. Zivilsenat sich gegen die WEG-Verwalterfähigkeit der GbR aussprach.[30] Gegenüber der Grundtendenz insbesondere des II. Zivilsenats zugunsten der Gruppenlehre fiel das jedoch nicht entscheidend ins Gewicht.

4. Der fließende Übergang zwischen OHG/KG und (Außen-)GbR als Bestätigung der Gruppenlehre

Ein wesentliches Argument für die Anerkennung der Gruppenlehre und die Behandlung der GbR als rechtsfähige Personengesellschaft wurde zunehmend auch in dem fließenden Übergang gesehen, der zwischen OHG und KG einerseits, Außen-GbR andererseits beim Wechsel vom einen zum anderen Lager zu beobachten war.[31] So

26 So in BGH v. 3.11.1980 – II ZB 1/79 – BGHZ 78, 311, 313 (1981), wo es um die Beteiligung der GbR an einer GmbH ging und der BGH diese unter Hinweis auf § 18 Abs. 1 GmbHG (Mitberechtigung mehrerer an einem Geschäftsanteil) anerkannte.

27 BGH v. 4.11.1991 – II ZB 10/91 – BGHZ 116, 86, 88 ff. (1992) betr. die Beteiligung einer GbR (als solche) an einer Brennereigenossenschaft.

28 BGH v. 15.7.1997 –XI ZR 154/96 – BGHZ 136, 254, 257 (1997) unter Bezug auf das Aufrechnungsverbot des § 55 Nr. 2 KO.

29 BGH v. 24.2.2000 – I ZR 168/97 – GRUR 2000, 1028, 1030 – Ballermann. Vgl. aber § 7 Nr. 3 MarkenG betr. die Markenfähigkeit von Personengesellschaften, die mit der Fähigkeit ausgestattet sind, Rechte zu erwerben und Verbindlichkeiten einzugehen.

30 BGH v. 18.5.1989 – V ZB 4/89 – BGHZ 107, 268, 271 (1989), bestätigt durch BGH v. 26.1.2006 – V ZB 132/05 – NJW 2006, 2189, 2190.

31 Darauf zu Recht hinweisend auch BGH v. 29.1.2001 – II ZR 331/00 – BGHZ 146, 341, 345 f.

führte das Erstarken eines Kleingewerbes zum Handelsgewerbe nach §§ 1, 105 Abs. 1 HGB dazu, dass aus der GbR eine OHG wurde, ohne dass die Beteiligten ihren Vertragsschluss verändert hätten; entsprechendes galt umgekehrt beim Absinken des kaufmännischen Gewerbebetriebs unter die Schwelle des Handelsgewerbes. Die seit 1998 in § 105 Abs. 2 HGB zugelassene Eintragung einer kleingewerblichen oder vermögensverwaltenden Gesellschaft in das Handelsregister machte aus der GbR eine OHG bzw. KG, ebenso wie die Eintragung eines Zusammenschlusses von Freiberuflern in das Partnerschaftsregister nach § 7 PartGG die GbR zur rechtsfähigen Partnerschaftsgesellschaft werden ließ. Schließlich sah auch das Umwandlungsgesetz von 1994 in § 191 Abs. 2 UmwG einen Rechtsformwechsel der in § 191 Abs. 1 UmwG genannten „formwechselnden Rechtsträger" (Personenhandelsgesellschaften, Kapitalgesellschaften u.a.) in eine Gesellschaft bürgerlichen Rechts als „Rechtsträger neuer Rechtsform" (§ 191 Abs. 2 UmwG) vor.

Alle diese Erscheinungen hatten aus Sicht der traditionellen, die GbR als gemeinsames Rechtsobjekt ihrer Mitglieder betrachtenden Lehre zur Folge, dass aus der jeweils am Formwechsel beteiligten, als Rechtsobjekt behandelten GbR ein Rechtssubjekt wurde oder umgekehrt, d.h. dass die Gesellschaft jeweils einem radikalen Wandel unterfiel. Demgegenüber konnte die Gruppenlehre darauf verweisen, dass in derartigen Fällen zwar ein Rechtsformwechsel eintrat, die Subjekteigenschaft der Gesellschaft davon jedoch unberührt blieb.

5. Normative Ansätze zugunsten der Gruppenlehre in den letzten Jahrzehnten

Insoweit sind insbes. die folgenden Vorschriften zu nennen:[32]

32 Vgl. auch BGH v. 29.1.2001 – II ZR 331/00 – BGHZ 146, 341, 346.

§ 14 BGB (Neufassung von 2000)

(1) Unternehmer ist eine natürliche oder juristische Person oder eine rechtsfähige Personengesellschaft, die bei Abschluss eines Rechtsgeschäfts in Ausübung ihrer gewerblichen oder selbständigen beruflichen Tätigkeit handelt.

(2) Eine rechtsfähige Personengesellschaft ist eine Personengesellschaft, die mit der Fähigkeit ausgestattet ist, Rechte zu erwerben und Verbindlichkeiten einzugehen.

§ 105 Abs. 2 HGB (1998)

(2) Eine Gesellschaft, deren Gewerbebetrieb nicht schon nach § 1 Abs. 2 Handelsgewerbe ist oder die nur eigenes Vermögen verwaltet, ist offene Handelsgesellschaft, wenn die Firma des Unternehmens in das Handelsregister eingetragen ist.

§ 7 PartGG (1994)

(1) Die Partnerschaft wird im Verhältnis zu Dritten mit ihrer Eintragung in das Partnerschaftsregister wirksam.

(2) § 124 des Handelsgesetzbuchs ist entsprechend anzuwenden.

§ 11 InsO (1998)

(1) Ein Insolvenzverfahren kann über das Vermögen jeder natürlichen und jeder juristischen Person eröffnet werden…

(2) Ein Insolvenzverfahren kann ferner eröffnet werden:

1. über das Vermögen einer Gesellschaft ohne Rechtspersönlichkeit (offene Handelsgesellschaft, Kommanditgesellschaft, Partnerschaftsgesellschaft, Gesellschaft bürgerlichen Rechts…)
2. …

Auf die Behandlung einer Gesellschaft bürgerlichen Rechts als „Rechtsträger neuer Rechtsform“ nach § 191 Abs. 2 Ziff. 1 UmwG wurde vorstehend schon hingewiesen. Alle vorgenannten Einzelnormen sind zwar nicht in dem Sinn zu verstehen, dass sie kraft Gesetzes die (Außen-)GbR zur Rechtsperson gemacht hätten. Sie zeigen aber an, dass für den Gesetzgeber der Übergang der GbR zu einer als rechtsfähig anerkannten Gesellschaft zunehmend fließend geworden ist.

IV. Das Grundsatzurteil BGHZ 146, 341 – Arge Weißes Roß vom 29.1.2001

1. Die Hauptaussagen

Die wesentlichen Aussagen des Grundsatzurteils BGHZ 146, 341 finden sich – klar und übersichtlich – in den drei dem Urteil vorangestellten Leitsätzen des II. Zivilsenats. Sie machen deutlich, dass aus der Sicht des Senats die Diskussion über die Rechtsfähigkeit der Außen-GbR und deren wesentliche Folgen damit abgeschlossen ist. Die drei Leitsätze lauten wie folgt:

a) Die (Außen-)Gesellschaft bürgerlichen Rechts besitzt Rechtsfähigkeit, soweit sie durch Teilnahme am Rechtsverkehr eigene Rechte und Pflichten begründet.
b) In diesem Rahmen ist sie zugleich im Zivilprozess aktiv und passiv parteifähig.
c) Soweit der Gesellschafter für die Verbindlichkeit der Gesellschaft bürgerlichen Rechts persönlich haftet, entspricht das Verhältnis zwischen der Verbindlichkeit der Gesellschaft und der Haftung des Gesellschafters derjenigen bei der OHG (Akzessorietät).

Der *Leitsatz a)* enthält für die Außengesellschaft bürgerlichen Rechts kraft höchstrichterlicher Rechtsfortbildung das Ende der Diskussion um deren Rechtsfähigkeit. Die Relativierung „soweit sie durch Teilnahme am Rechtsverkehr eigene Rechte und Pflichten begründet“ bringt entsprechend § 718 BGB zum Ausdruck, dass die Zuordnung von Rechten und Pflichten aus dem gemeinsamen Handeln der Gesellschafter zum Gesellschaftsvermögen das Handeln für die (und namens der) Gesellschaft voraussetzt. Es ist, ebenso wie die Zuordnung der geleisteten Beiträge zur Gesellschaft, die selbstverständliche Folge der Anerkennung ihrer Rechtsfähigkeit. Indem der Senat auf die vor dem Grundsatzurteil verbreitet anzutreffende vorsichtige Bezeichnung „Teilrechtsfähigkeit“[33] verzichtet, macht er zugleich deutlich, dass er – jedenfalls bezogen auf die Teilnahme der GbR am Rechtsverkehr – von einer umfassenden Rechtsfähigkeit ausgeht. Die Frage, ob die Rechtsfähigkeit über die Außen-GbR hinaus auf alle Gesellschaften bürgerlichen Rechts mit eigenem Gesamthandsvermögen ausgedehnt werden soll, lässt der Senat offen; dass er eine solche Ausdehnung nicht schlechthin ausschließen will, zeigt der vorsichtige Klammerzusatz im Wort „(Außen-)Gesellschaft“. Daran hat sich bis heute nichts geändert.

Die Anerkennung der aktiven und passiven Parteifähigkeit der GbR in *Leitsatz b)* ist die konsequente Folge des in § 50 Abs. 1 ZPO enthaltenen Grundsatzes „Parteifähig ist, wer rechtsfähig ist“. Die Parteifähigkeit reicht demnach ebenso weit wie die Rechtsfähigkeit; für eine „Teil-Parteifähigkeit“ ist aus der Sicht der neuen Lehre kein Raum. Damit erledigt sich auch eine Anlehnung an die besondere, in § 50 Abs. 2 ZPO gesetzlich verankerte Parteifähigkeit des nichtrechtsfähigen Vereins. Ebenso erledigen sich als Folge des Grundsatzurteils die vor dem Urteil in der gesellschaftsrechtlichen Literatur[34] anzutreffenden Versuche, ohne volle Anerkennung der Parteifähigkeit der GbR unter Differenzierung zwischen notwendiger und einfacher Streitgenossenschaft zwischen „Gesamthandsschuldklagen“, gerichtet gegen alle Gesellschafter als notwendige Streitgenossen auf Leistung aus dem Gesamthandsvermögen, und „Gesamtschuldklagen“ gegen die Gesellschafter persönlich als einfache Streitgenossen zu unterscheiden.

Einen klaren Akzent setzt das Grundsatzurteil schließlich mit *Leitsatz c)*, indem es sich mit Blick auf die Gesellschafterhaftung für die Akzessorietätstheorie analog § 128 HGB, d.h. für die grundsätzlich unbeschränkte Haftung aller Gesellschafter betreffend Ge-

33 Statt aller *Ulmer* (Fn. 17) § 705 Rn. 131 u.a.; so entgegen BGH v. 29.1.2001 – II ZR 331/00 – BGHZ 146, 341 erneut BGH v. 4.12.2008 – V ZB 74/08 – BGHZ 179, 102, 107 u.a. (V. Senat).

34 Übersicht in BGH v. 29.1.2001 – II ZR 331/00 – BGHZ 146, 341, 348 ff.; eingehend in diesem Sinne noch *Ulmer* (Fn. 17) § 718 Rn. 45 ff.

sellschaftsschulden ausspricht.[35] Damit hat der Senat der bis dahin auch in der Rechtsprechung vorherrschenden Doppelverpflichtungstheorie[36] die Grundlage entzogen. Die Entscheidung ist aus Sicht der Gruppenlehre konsequent. Sie macht es jedoch nötig, für spezielle Gestaltungen wie etwa Gesellschaften mit ideellem Gesellschaftszweck oder für Bauherrengemeinschaften im Wege teleologischer Reduktion der Analogie sachlich begründete Ausnahmen anzuerkennen.[37] Dass die Analogie zu § 128 HGB der Sache nach auch das Eingreifen des § 130 HGB betreffend die Haftung neu eintretender Gesellschafter für Altverbindlichkeiten umfasst, hat der Senat zutreffend in Folgeentscheidungen festgestellt.[38]

Keine besonderen Feststellungen hat der II. Senat in Bezug auf die „Grundbuchfähigkeit" der GbR getroffen. Soweit es dabei um die *materielle* Grundbuchfähigkeit geht, d.h. um die Eigentümerstellung der GbR an Grundeigentum, versteht sich diese aus der Sicht des Leitsatzes unter a) von selbst, da die Rechtsfähigkeit der GbR sich nicht auf bewegliche Sachen oder sonstige Gegenstände beschränkt, sondern ebenso auch das Eigentum an Immobilien umfasst.[39] Ganz auf dieser Linie lag es daher auch, dass sich der V. Senat in zwei Entscheidungen aus dem Jahr 2008[40] für die Eintragung der GbR unter ihrem Namen als Eigentümer dinglicher Rechte im Grundbuch aussprach, wenn auch ohne Aussagen zu den verfahrensrechtlichen Fragen betreffend die Eintragungsvoraussetzungen nach der GBO. Zu diesen, d.h. zur formellen Grundbuchfähigkeit der GbR als Gegenstand der Beratungen auf diesem Symposi-

35 BGH v. 29.1.2001 – II ZR 331/00 – BGHZ 146, 341, 358 f. unter Übergang zur Akzessorietätstheorie.

36 Vgl. dazu Nachw. in Fn. 24.

37 So für Bauherrengemeinschaften (BGH v. 21.1.2002 – II ZR 2/ 00 – BGHZ 150, 1, 6), aber auch für Gesellschaften mit ideellem Zweck, vgl. *Ulmer/Schäfer* (Fn. 9) § 714 Rn. 61 f.

38 So erstmals in BGH v. 7.4.2003 – II ZR 56/02 – BGHZ 154, 370, 377; seither ständ. Rspr. unter Vorbehalt für Altfälle aus Gründen des Vertrauensschutzes. Dazu näher *Ulmer/Schäfer* (Fn. 9) § 714 Rn. 72 ff.

39 Vgl. nur *Ulmer* (Fn. 9) § 705 Rn. 310, 312 ff. So ausdrücklich seither auch BGH v. 25.9.2006 – II ZR 218/05 – NJW 2006, 3716 (II. Senat).

40 BGH v. 4.12.2008 – V ZB 74/07 – BGHZ 179, 102, 107 f. und zuvor schon BGH v. 25.1.2008 – V ZR 63/07 – NJW 2008, 1378, 1379.

um, fehlt es demgegenüber auch heute noch an bindenden höchstrichterlichen Vorgaben.

2. Das Echo in der Literatur

In der *gesellschaftsrechtlichen* Literatur stieß man schon kurz nach dem Grundsatzurteil auf verbreitete Zustimmung zur höchstrichterlichen Anerkennung der Rechtsfähigkeit für Außengesellschaften.[41] In den Rezensionen wurde das Urteil nicht selten als Meilen-, Mark- oder Schlussstein auf dem Wege zur Etablierung der Gruppenlehre bezeichnet.[42] Zu nennen sind etwa die im Personengesellschaftsrecht führenden Stimmen von *Karsten Schmidt*,[43] *Wiedemann*,[44] *Habersack*,[45] *Hadding*[46] und *Westermann*.[47] [48] Die einzige ins Gewicht fallende, schon vor 2001 geäußerte Kritik stammte von *Zöllner*, der von seiner ablehnenden Auffassung gegenüber der von *Flume* angeregten Rechtsfortbildung[49] auch seither nicht abgerückt ist.

Aus *grundbuchrechtlicher* Sicht wurden zunächst nur vereinzelte Vorbehalte gegenüber BGHZ 146, 341 angemeldet.[50] Das änderte sich im Lauf der folgenden Jahre, als deutlich wurde, dass nach der bei dem Oberlandesgericht herrschenden Ansicht die verfahrensrechtlichen Eintragungsvoraussetzungen insbes. der §§ 20, 29 GBO angesichts des Fehlens eines GbR-Registers von den Beteiligten nur schwer zu erbringen waren. Der V. Senat des BGH ließ diese

41 Vgl. die umfass. Nachweise bei *Hadding*, ZGR 2001, 712, 713 in seiner Nachlese zu BGH v. 29.1.2001 – II ZR 331/00 – BGHZ 146, 341.

42 So *K. Schmidt*, NJW 2001, 993, 995; *Ulmer*, ZIP 2001, 585; *Hadding*, ZGR 2001, 712, 714.

43 *K. Schmidt*, NJW 2001, 993 ff.

44 JZ 2001, 513 ff.

45 *Habersack*, BB 2001, 477 ff.

46 *Hadding*, ZGR 2001, 712 ff.

47 *Westermann*, NZG 2001, 289 ff.

48 In diesem Sinn auch Verf. ZIP 2001, 585 ff.

49 Insbes. in FS Gernhuber, 1995, S. 566 ff., 577 f. und erneut in FS Kraft, 1998, S. 710 ff. (Gruppen-Lehre als „heiße Luft“).

50 Erste Zweifel schon bei *K. Schmidt* NJW 2001, 993, 1002 unter Hinweis auf die fehlende Registrierung der GbR.

Frage in seinem Urteil aus dem Jahr 2008 als nicht entscheidungserheblich offen[51] und beschränkte sich insoweit darauf, wie schon in einer Vorgängerentscheidung[52] auf die zu wünschende Behebung der Schwierigkeiten durch den Gesetzgeber zu verweisen.

3. Die Reaktion des Gesetzgebers durch das ERVGBG

Die Neuregelungen, die das EVRGBG durch die Vorschriften der §§ 899a BGB, 47 Abs. 2 GBO u.a. zur Behebung der mit der „Grundbuchfähigkeit" der GbR verbundenen verfahrensrechtlichen Schwierigkeiten gebracht hat, brauche ich in diesem Kreis nicht vorzustellen.[53] Der Sache nach laufen sie – durch das Abstellen auf die Gesellschafter als hinter der GbR stehende Personen – auf den Versuch hinaus, dem Registrierungsmangel der GbR durch Rückgriff auf die Gesellschafter bei der Eintragung von Immobilienrechten der GbR Rechnung zu tragen und damit an die bisherige Rechtslage, wenn auch unter Respektierung der Rechtsfähigkeit der GbR, anzuknüpfen. Dass dieser Regelungsansatz nicht weittragend genug ist und dass er insbesondere für Fälle eines Grundstücks*erwerbs* durch eine GbR ohne vorhergehende Eintragung der Gesellschafter nicht weiterhilft, wird Gegenstand der folgenden Referate und der Diskussionen auf diesem Symposium sein. Aus gesellschaftsrechtlicher Sicht bleibt freilich die Frage, warum diese Probleme erst jetzt, als Folge der Anerkennung der Rechtsfähigkeit der GbR, bekannt geworden sind und wieso die Grundbuchämter anscheinend zuvor keine Schwierigkeiten hatten, den gemeinsamen Grunderwerb der an der GbR beteiligten Personen durch den Zusatz „als Gesellschafter bürgerlichen Rechts" ohne speziellen Nachweis der Gesellschaftsexistenz in den Formen des § 29 GBO zu registrieren.

51 BGH v. 4.12.2008 – V ZB 74/08 – BGHZ 179, 102, 110, 114 – V. Senat.

52 BGH v. 4.12.2008 – V ZB 74/08 – BGHZ 179, 102, 108; ebenso schon BGH v. 25.1.2008 – V ZR 63/07 – NJW 2008, 1378, 1379.

53 Eingehender Überblick dazu bei *Steffek* ZIP 2009, 1445, 1446 ff., 1453 ff.

V. Ausblick: Einführung eines GbR-Registers?

1. Bedürfnis

Aus gesellschaftsrechtlicher Sicht schien ein GbR-Register als Konsequenz der Anerkennung der Rechtsfähigkeit der (Außen) GbR nach bisher verbreiteter Ansicht nicht erforderlich.[54] Das Auftreten der GbR mit eigener Identitätsausstattung und handlungsbefugten Organen, abgesichert durch die bekannten Regelungen und Grundsätze zum Vertrauen auf die Vertretungsmacht der für die GbR handelnden Gesellschafter, führte außerhalb des Grundstücksverkehrs nicht zu erkennbaren Schwierigkeiten im Umgang mit rechtsfähigen Gesellschaften bürgerlichen Rechts.

Wie sich gezeigt hat, gilt offenbar anderes für die Beteiligung der GbR am Grundstücksverkehr. Insoweit beruhen die in den letzten Jahren aufgetretenen, aus der derzeit vorherrschenden Anwendungspraxis der §§ 20, 29 GBO folgenden Schwierigkeiten darauf, dass es bei der GbR anders als bei den Personenhandelsgesellschaften oder der Partnerschaftsgesellschaft an einem entsprechenden Register fehlt, das als Nachweis für die Existenz der GbR, für die Zusammensetzung der Gesellschafter und für die Regelungen über die Vertretungsmacht fungieren könnte. Insoweit gilt in der Tat der von Karsten Schmidt[55] geprägte Satz „Keine Publizität des Objekts ohne Publizität des Subjekts". Auch das ERVGBG hat mit seinen Vorschriften der §§ 899a BGB, 47 Abs. 2 GBO entgegen den Erwartungen der Gesetzesverfasser[56] daran nichts Wesentliches geändert. Nach allem ist aus grundbuchrechtlicher Sicht das Bedürfnis für ein GbR-Register trotz der damit verbundenen, für die Beteiligten lästigen Anforderungen zu bejahen. Allerdings genügt die fakultative Eröffnung der Möglichkeit zur Registrierung; ein Registerzwang scheint nicht veranlasst (vgl. unter Ziff. 4).

54 Anders aber schon *K. Schmidt* NJW 2001, 993, 1002, und *Erman/Westermann* BGB, 12. Aufl. 2008, § 705 Rn. 72.

55 Erstmals *K. Schmidt*, BB 1983, 1697; so auch wieder *ders.*, NJW 2001, 993, 1002.

56 Begründung zum ERVGBG, BT-Drucks. 16/13437 S. 28, 30.

2. Registerfähigkeit der GbR?

Die Registerfähigkeit der GbR ist zu bejahen, soweit es um Außengesellschaften mit Identitätsausstattung geht. Dabei bietet sich eine Ausrichtung an den entsprechenden, für Personenhandelsgesellschaften und Partnerschaftsgesellschaften geltenden Vorschriften über die Registerführung und den Registerinhalt an (vgl. unter 3.). Anderes gilt für rein obligatorische Innengesellschaften ohne Gesamthandsvermögen. Auch wenn man sie – mit Rücksicht auf ihre denkbare spätere Teilnahme am Rechtsverkehr – als potentiell rechtsfähig bezeichnen wollte, sind sie doch zunächst nichts anderes als eine vertragliche Verbindung der Gesellschafter untereinander und bedürfen schon deshalb keiner Offenlegung durch Registrierung. Das gilt insbesondere mit Blick auf die vielfältigen Gelegenheitsgesellschaften ohne Gesamthandsvermögen: für sie wäre eine Registrierung ohne sichtbaren Nutzen und würde auch von den Gesellschaftern selbst kaum angestrebt werden. Ihnen sollte das Register daher verschlossen bleiben.

Zweifelsfälle bilden einerseits höherstufige Gelegenheitsgesellschaften, andererseits die „reinen" (Ehegatten-/Familien) Grundstücksgesellschaften. Im ersten Fall, so etwa bei Arbeitsgemeinschaften des Bauwesens,[57] nach außen auftretenden Emissionskonsortien[58] o.ä., erscheint es nicht ausgeschlossen, dass die Beteiligten ein Bedürfnis zur Offenlegung ihrer Gesellschaftsbeziehungen durch Registereintragung haben und auf diese Beziehungen im Rechtsverkehr auch hinweisen wollen. Zweifelhaft ist das Bedürfnis demgegenüber bei den Innengesellschaften mit Gesamthandsvermögen, die sich darauf beschränken, einzelne Vermögensgegenstände gemeinsam zu halten und zu verwalten, ohne damit am Rechtsverkehr teilnehmen zu wollen. Insoweit drängt sich zumindest aus gesellschaftsrechtlicher Sicht die Möglichkeit einer Registrierung nicht ohne weiteres auf. Anderes mag aus grundbuchrechtlicher Sicht gelten, da die derzeit zu beobachtenden Schwierigkeiten auch beim Grundstückserwerb durch solche Ge-

57 Dazu *Ulmer* (Fn. 9) Vor § 705 Rn. 43 ff.
58 Näher *Ulmer* (Fn. 9) Vor § 705 Rn. 52 f.

sellschaften auftreten können. Man sollte deshalb eine Registrierung auch für solche Gesellschaften nicht ausschließen, diese allerdings vom Nachweis vorhandenen Gesamthandsvermögens oder zumindest von der Bekundung eines Interesses der Beteiligten am Erwerb eines solchen abhängig machen.

3. Registerinhalt

Hinsichtlich des Registerinhalts empfiehlt sich eine Orientierung an §§ 106 HGB, 4 PartGG. Entsprechend diesen Vorschriften sollte er sich erstrecken auf

- die Nennung der Gesellschafter unter Angabe ihrer Namen, des Geburtsdatums und des Wohnorts;
- die Gesellschaft mit Angabe ihres Sitzes und ihrer Geschäftsanschrift; entgegen dem ERVGBG sollte entsprechend §§ 106 HGB, 4 PartGG stets auch der Name der Gesellschaft angegeben werden, da ohne eine derartige Identifizierung die Registereintragung wenig Sinn macht. Dementsprechend sollte Gesellschaften, die ohne eigenen Namen (als Teil der Identitätsausstattung) auftreten, der Zugang zum Register verschlossen bleiben.
- die Vertretungsmacht der Organe als für den Rechtsverkehr besonders wichtige Information.

4. Fakultative Registrierung (und Löschung)

Ein Registerzwang erscheint schon angesichts der Vielfalt und der Unterschiedlichkeit des Erscheinungsbilds von BGB-Gesellschaften nicht veranlasst. Als Regelungsvorbild bieten sich etwa die §§ 2, 3, 105 Abs. 2 HGB an, die die Handelsregistereintragung und -löschung von der Entscheidung des jeweiligen Unternehmers, Land- oder Forstwirts bzw. der gemeinsamen Betreiber eines Kleingewerbebetriebs oder einer gemeinsamen Vermögensverwaltung abhängig machen. Entsprechend der fakultativen Registrierung sollte den Gesellschaftern auch der Antrag auf Löschung der jeweiligen Eintragung freistehen. Um den Rechtsverkehr über die Tatsache der Eintragung zu informieren, sollte fakultativ eingetragenen Gesellschaften die Pflicht auferlegt werden, hierauf durch einen geeigneten Rechtsformzusatz, etwa „eGbR“, hinzuweisen.

5. Registerführung

Es bietet sich an, das GbR-Register als eigenständiges Register, jedoch eingerichtet bei den für die sonstige Registerführung zuständigen Amtsgerichten auszugestalten. Wie das Beispiel der Genossenschafts-, Vereins- oder Partnerschaftsregister zeigt, sind die Amtsgerichte für die Führung verschiedener Register durchaus eingerichtet; die Kosten hierfür dürften im elektronischen Zeitalter überschaubar sein. Die von anderer Seite[59] vorgeschlagene Registrierung im Rahmen des jeweiligen Handelsregisters erscheint im Vergleich dazu schon deshalb wenig naheliegend, weil sie die systematisch bedeutsame Differenzierung zwischen Handelsgesellschaften und sonstigen Gesellschaften vermissen lässt.

Hinsichtlich der Ausgestaltung der Registerführung empfiehlt sich eine weitgehende formale und inhaltliche Anlehnung an das Handelsregisterrecht. Regelungsvorbild hierfür könnten etwa die §§ 4, 5 PartGG sein.

VI. Schluss

Ich schließe, verbunden mit Dank für Ihre Aufmerksamkeit, mit drei kurzen Stichworten:

1. Für die Schwierigkeiten, die die Anerkennung der Rechtsfähigkeit der (Außen-)GbR in der Grundbuchpraxis ausgelöst hat, habe ich, wie Sie meinen Worten entnommen haben mögen, durchaus Verständnis – auch wenn ich vor dem Hintergrund des ERVGBG nach wie vor nicht überzeugt bin, dass es diese

59 So etwa *Hügel,* DB 2010, 2433, 2438; *Krüger,* NZG 2010, 801, 804; *Weigl,* NZG 2010, 1053, 1055.

Schwierigkeiten nicht auch schon früher gegeben hätte, wenn man mit den Anforderungen der §§ 20, 29 GBO entsprechend ernst gemacht hätte.

2. Trotz dieses Zugeständnisses sehen Sie in mir keinen reuigen Sünder in Bezug auf die Entwicklung der (Außen-)GbR zur rechtsfähigen Einheit, sondern einen „Überzeugungstäter", freilich verbunden mit der Hoffnung, dass die derzeitigen Probleme sich zur Zufriedenheit auch der Vertreter des Grundbuchrechts überwinden lassen.
3. Als Friedensangebot nehmen Sie meinen Vorschlag, jedenfalls für Außengesellschaften mit Identitätsausstattung ein GbR-Register mit fakultativer Registereintragung einzurichten. Die Schwierigkeiten bei der Ausgestaltung entsprechender Regelungen dürften überwindbar sein, die Kosten sich in Grenzen halten. Letztlich läge es an den Beteiligten, ob und inwieweit sie von dieser Möglichkeit Gebrauch machen und dadurch den Anforderungen des Grundbuchrechts besser Rechnung tragen wollten.

BGB-Gesellschaft und Veräußerung – Die Praxistauglichkeit des § 899a BGB

Martin Häublein, Universität Innsbruck

I. Einleitung

Das erste Referat hat die Auseinandersetzung um die dogmatische Einordnung der GbR nachgezeichnet. Ich halte die Rechtsfortbildung[1] im Ergebnis für richtig. Die Zuerkennung von Rechtsfähigkeit ist in Bezug auf Personenvereinigungen, die dauerhaft auf Teilnahme am Rechtsverkehr ausgerichtet sind und bei denen ein Gesellschafterwechsel früher oder später wahrscheinlich ist, der rechtstechnisch überzeugendste Weg, die Absonderung des Zweckvermögens vom sonstigen Vermögen der Gesellschafter herbeizuführen.[2] Damit wird gewährleistet, dass das Vermögen ungeachtet des personellen Bestandes zusammengehalten wird und zur Erreichung des Gesellschaftszwecks zur Verfügung steht. Allerdings ist m.E. damit ein Bedürfnis für eine gesamthänderische Bindung entfallen.[3] Ist das Gesellschaftsvermögen nämlich dem Verband selbst zugeordnet, folgt bereits aus diesem Umstand, dass kein Gesellschafter über „seinen" Anteil an einzelnen Gegenständen verfügen kann (vgl. § 719 BGB).

Ungeachtet der Zustimmung zur Rechtsfortbildung ist den Kritikern allerdings (mindestens) Folgendes zuzugeben: Solange der in erheblichem Ausmaß mit derartigen Verbänden konfrontierte Rechtsverkehr keine Gewissheit über die Existenz und die zum Handeln Berechtigten erlangen kann, leidet die Rechtssicherheit

1 Vorgenommen für die sog. Außen-GbR durch BGH v. 29.1.2001 – II ZR 331/00 – BGHZ 146, 341 = NJW 2001, 1056.

2 S. hierzu und zum Folgenden bereits die Überlegungen des *Verf.* in: FS Günter H. Roth, 2011 (im Druck). Aus den nämlichen Gründen ist m. E. auch die von § 10 Abs. 6 WEG nunmehr inzwischen gesetzlich angeordnete Rechtsfähigkeit der Wohnungseigentümergemeinschaft überzeugend: näher *Häublein*, ZIP 2005, 1720.

3 Die gegenteilige Auffassung ist aber verbreitet; s. etwa *Weigl*, NZG 2010, 1053, 1054.

erheblich. Die so heftig diskutierten Auswirkungen der vom BGH[4] Ende 2008 anerkannten sog. „formellen Grundbuchfähigkeit“ sind nur *ein* Ausfluss dieses Umstandes. Bei Licht betrachtet steht der Rechtsverkehr selbstverständlich auch jenseits immobilienrechtlicher Transaktionen vor dem Problem eines fehlenden Publizitätsträgers. Gleichwohl beschränken sich die Ausführungen, der Themenvorgabe entsprechend, auf Veräußerungsgeschäfte im Liegenschaftsverkehr. Mit Rücksicht auf das nachfolgende Referat bleibt auch der Erwerb ausgespart.

II. § 899a BGB – ein klassischer Fall der „Anlassgesetzgebung“

1. Der Beschluss des BGH vom 4.12.2008 (V ZB 74/08) als Anlass

Die Norm, deren Praxistauglichkeit hier auf dem Prüfstand steht, ist Teil eines „Maßnahmenpakets“ des Gesetzgebers.[5] Ausgelöst wurde es durch den bereits erwähnten (s.o. I.) Beschluss des BGH aus dem Dezember 2008.[6] Der u.a. für den Grundstücksverkehr zuständige V. Zivilsenat entschied, dass es möglich sei, eine GbR ohne Nennung der Gesellschafter unter ihrem Namen einzutragen. Für diese Konsequenz ist der Senat heftig gescholten worden. Dabei geriet aus dem Blick, dass die von den Grundbuchämtern nach Anerkennung der Rechtsfähigkeit der GbR weiter praktizierte Eintragung gemäß § 47 GBO a.F. bei genauer Subsumtion unter § 891 Abs. 1 BGB die Nachweisprobleme eigentlich nicht zu lösen vermochte. Das Recht nämlich, auf das sich die Norm bezieht, steht

4 BGH v 4.12.2008 – V ZB 74/08 – BGHZ 179, 102 = NJW 2009, 594.

5 Es ist Bestandteil des Gesetzes zur Einführung des elektr. Rechtsverkehrs und der elektronischen Akte im Grundbuchverfahren sowie zur Änderung weiterer grundbuch-, register- und kostenrechtlicher Vorschriften (ERVGBG) v. 11.8.2009, BGBl. I S. 2713.

6 BGH v 4.12.2008 – V ZB 74/08 – BGHZ 179, 102 = NJW 2009, 594.

der GbR zu und nicht mehr individualistisch den Gesellschaftern.[7] Was heute in § 899a S. 1 BGB steht, haben die Grundbuchämter seit Anfang 2001 gleichsam stillschweigend praktiziert, indem nicht nur das Eigentum der GbR sondern auch vermutet wurde, diese bestehe aus den im Grundbuch verlautbarten Personen.[8] Man trug Subjekte ein, denen das Grundstücksrecht nicht zustand, um dann deren Erklärungen als Nachweis einer ordnungsmäßigen Vertretung der GbR genügen zu lassen. Damit wurde, das dürfte evident sein, die Vermutungswirkung des § 891 BGB über den Wortlaut der Norm hinaus erweitert. Diese Analogie erscheint mir als Übergangslösung durchaus tolerabel, auch wenn das Grundbuch damit de facto die Funktion eines Personenregisters erfüllt. Allerdings bestand diese Möglichkeit eben nur solange, wie die Gesellschafter neben der GbR im Grundbuch verlautbart wurden, was die Grundbuchämter bis Ende 2008 praktizierten. Das alles verdeutlicht, dass der Beschluss des V. Zivilsenats zwar der Auslöser für ein Einschreiten des Gesetzgebers gewesen ist. Die Gründe hierfür liegen aber tiefer und länger zurück, nämlich in der Anerkennung der Rechtsfähigkeit der sog. Außen-GbR.

Die praktischen Konsequenzen der Rechtsfortbildung treten wegen § 20 GBO bei der Auflassung von Grundstücken und Einräumung bzw. Aufhebung von Sondereigentum (vgl. § 4 WEG) sowie der Bestellung, Änderung des Inhalts oder Übertragung eines Erbbaurechts besonders deutlich hervor. Der Nachweis der Einigung erfordert nämlich auch den der Existenz, Identität und rechtmäßigen Vertretung der GbR. Die Vermutung des § 891 BGB umfasst nach h.M. weder die Rechtsfähigkeit noch die Existenz des Rechtsträgers,[9] so dass selbst diejenigen, die eine entsprechende Anwendung dieser Norm nach Anerkennung der Rechtsfähigkeit für gebo-

7 Das war die zwingende Konsequenz der durch BGH v. 29.1.2001 – II ZR 331/00 – BGHZ 146, 341 vollzogenen Rechtsfortbildung und der Versuch des BayObLG (vgl. etwa NJW 2003, 70), weiterhin die Gesellschafter als Inhaber von Grundstücksrechten anzusehen, von vornherein zum Scheitern verurteilt.

8 Sehr deutlich hierzu *W. Krüger*, NZG 2010, 801, 802 f.

9 Vgl. OLG Frankfurt v. 24.6.2003 – 20 W 274/02 – ZfIR 2005, 254; *Toussaint* in: jurisPK-BGB, 5. Aufl. 2010, § 891 Rn. 27; *Staudinger/Gursky*, BGB (2008), § 891 Rn. 41; *Reymann*, ZfIR 2009, 81, 83 – jew. mit umfangreichen Nachweisen.

ten erachteten, an sich Anlass gehabt hätten, entsprechende Nachweise in der Form des § 29 GBO zu fordern. Ein förmlicher Gesellschaftsvertrag vermag dies deswegen nicht zu leisten und wäre daher nur eine Verlegenheitslösung, weil er nicht den Nachweis erbringt, dass sein Inhalt im Zeitpunkt der Vorlage beim Grundbuchamt unverändert ist.

Mit diesen verfahrensrechtlichen Problemen korrespondiert materiell-rechtlich das des Gutglaubensschutzes. Fehlt dem Handelnden die Vertretungsberechtigung, ändert dies nichts daran, dass das eingetragene Liegenschaftsrecht der GbR zusteht. § 892 BGB hilft also nicht weiter. Mutatismutandis gilt das auch in Bezug auf die Existenz und die Identität der Gesellschaft, für die der Handelnde auftritt. Anders als die spezifisch grundbuchrechtlichen Verfahrensfragen tauchen die materiell-rechtlichen Folgewirkungen der Anerkennung der Rechtsfähigkeit darüber hinaus selbstverständlich ebenso im Rechtsverkehr mit Mobilien auf. Der Rechtsverkehr benötigt auch hier verlässliche Informationen über die Rechtsverhältnisse einer GbR. Veräußert jemand einen Gegenstand im Namen einer GbR, die zu vertreten er nicht einmal nach Rechtsscheingrundsätzen berechtigt ist, muss man den §§ 932 ff. BGB schon erhebliche Gewalt antun, um zur Möglichkeit eines gutgläubigen Erwerbs zu gelangen. Veräußerer i.S.v. § 932 Abs. 1 BGB ist ja die GbR, weshalb der Erwerb von Gesellschaftsvermögen keiner vom Nichtberechtigten ist. Man wird auch nicht ohne weiteres annehmen können, der oder die Handelnden behaupteten das Eigentum einer aus ihnen bestehenden GbR, sofern der Erwerber mit dem Namen der Gesellschaft, der der Gegenstand gehört, ein konkretes Rechtssubjekt verbindet. Dann nämlich ist sein Willen erkennbar darauf gerichtet, gerade von *dieser* GbR zu erwerben und nicht von einer anderen. Die Handelnden sind aus seiner Warte die Organe genau dieser GbR und üben daher nur für diese den Besitz aus. Das war nach der individualistischen Theorie anders. Behaupteten zwei Personen, sie seien die einzigen Gesellschafter einer GbR und veräußerten diese ohne Mitwirkung eines dritten Gesellschafters, konnte der gutgläubige Erwerber nach Maßgabe der §§ 932 ff. BGB das Eigentum erwerben.

2. Reaktion des Gesetzgebers im Rahmen des ERVGBG

Die Reaktion des Gesetzgebers auf diese Misere besteht in einem „Maßnahmenpaket", das Teil des ERVGBG ist[10] und folgenden Inhalt hat:

Gemäß § 899a Satz 1 BGB wird in Ansehung des eingetragenen Rechts nun ebenfalls vermutet, dass nur die eingetragenen Personen Gesellschafter sind. Damit wird der im Eintragungsverfahren[11] wichtige § 891 BGB ergänzt und der Praxis der Grundbuchämter, (auch) die Gesellschafter einzutragen, eine Rechtsgrundlage verliehen, die auf die Rechtsfähigkeit abgestimmt ist. Die Vermutung des § 899a S. 1 BGB gilt gemäß Art. 229 § 21 EGBGB ebenfalls für Eintragungen aus der Zeit vor Inkrafttreten der Neuregelung, also für solche gemäß § 47 GBO a.F. vor dem 18.8.2009.

Den mit der Registerpublizität korrespondierenden Gutglaubensschutz der §§ 892 ff. BGB erstreckt sodann § 899a S. 2 BGB auf die Eintragung der Gesellschafter.

Außerdem wurde der die Art der Eintragung regelnde § 47 GBO um einen zweiten Absatz ergänzt. Neben der dinglich berechtigten GbR sind deren Gesellschafter einzutragen. Die einzutragenden Angaben bestimmt § 15 Abs. 1 Buchst. c) GB-Verfügung näher. Änderungen im Gesellschafterbestand unterliegen schließlich gem. § 82 S. 3 GBO dem Berichtigungszwang.

Der Gesetzgeber hat die Probleme der Praxis damit nur partiell gelöst, was die folgenden Ausführungen verdeutlichen werden. Dabei handelt es sich keineswegs um einen Einzelfall; denn die Legislative neigt – zumal unter Zeitdruck – dazu, Vorgaben der Rechtsprechung eher punktuell umzusetzen. Da allerdings auf die aus der Anerkennung der Rechtsfähigkeit fließenden Publizitätsprobleme bereits unmittelbar nach Bekanntwerden der Entscheidung des II. Zivilsenats im Jahre 2001 hingewiesen worden ist,[12]

10 S.o. Fn. 5.

11 Zur Geltung der Vermutung dem GBA gegenüber s. statt aller *Palandt/Bassenge*, BGB, 70. Aufl. 2010, § 891 Rn. 1.

12 S. nur *K. Schmidt*, NJW 2001, 993, 1002.

hätte der Gesetzgeber hier durchaus Zeit für eine Lösung gehabt, die in sich geschlossen und umfassend ist.

III. Die eigenartige Selbstbeschränkung des Gesetzgebers und ihre negativen Auswirkungen auf die Rechtssicherheit

1. Verzicht auf eine konsequente Fortentwicklung des Rechts der GbR

Die Selbstbeschränkung, die sich der Gesetzgeber bei Erlass der genannten Vorschriften auferlegt hat, mutet eigenartig an. Sie ist von dem Bestreben getragen, die Rechtspraxis vor der Entscheidung des V. Zivilsenats zur formellen Grundbuchfähigkeit zu legitimieren. Das OLG Zweibrücken stellte folge-, wenn auch nicht unbedingt juristisch richtig fest, das ERVGBG habe hinsichtlich der formellen Grundbuchfähigkeit die jüngste Rechtsprechung des *BGH* korrigiert.[13] Der Sache nach wird damit konzeptionell zumindest teilweise an der individualistischen Sichtweise und ihren Folgen festgehalten. So heißt es etwa sinngemäß in der Begründung zum Gesetzesentwurf,[14] es werde auf der Grundlage der neueren Rechtsentwicklungen funktional der Rechtszustand nachgebildet, der zu der Zeit herrschte, als man noch die Gesellschafter als gesamthänderisch gebundene Mitinhaber des Gesellschaftsvermögens ansah.

Dieser Verzicht auf eine konsequente Fortentwicklung des – rückständigen[15] – Rechts der GbR hat eine Reihe von Problemen zur Folge, die zu Rechtsunsicherheit führen. Neben den sogleich noch zu behandelnden Schwierigkeiten im Zusammenhang mit der Veräußerung von Immobilien durch BGB-Gesellschaften und den vom folgenden Referat erfassten ungelösten Fragen beim Erwerb von Rechten durch eine bereits bestehende GbR, die in Teilen der

13 OLG Zweibrücken v. 20.10.2009 – 3 W 116/09 – NJW 2010, 384, 385.
14 BT-Drucks. 16/13437 S. 27.
15 *K. Schmidt*, NJW 2001, 993,1003.

Republik quasi zu einem Vollzugsstopp geführt haben, möchte ich den Blick zunächst einmal auf das Problem des Ausscheidens/Eintretens von Gesellschaftern bzw. Gesellschafterwechsels richten. Hier kann man erkennen, dass der auf punktueller Regelung basierende Ansatz die Systembildung erschwert und damit die Rechtssicherheit gefährdet.

2. Unsicherheiten bei der „Anmeldung" von Änderungen im Mitgliederbestand

§ 82 S. 1 GBO ordnet an, dass, sofern das Register durch Rechtsübergang außerhalb des Grundbuchs unrichtig geworden ist, das Grundbuchamt dem Eigentümer die Verpflichtung auferlegen soll, den Antrag auf Berichtigung des Grundbuchs zu stellen und die zur Berichtigung des Grundbuchs notwendigen Unterlagen zu beschaffen. Satz 3 sieht nunmehr (s.o. II. 2.) die entsprechende Anwendung dieser Vorschrift vor, sofern die Eintragung eines Gesellschafters einer GbR unrichtig geworden ist. Infolge dieser Regelungstechnik kann dem Gesetzeswortlaut nicht entnommen werden, wen das Grundbuchamt in Anspruch zu nehmen hat. In Betracht kommen die Gesellschaft, der ausgeschiedene/eingetretene Gesellschafter oder alle Gesellschafter. Unklar ist die Regelung deshalb, weil eine „entsprechende" Anwendung bedeuten kann, dass entgegen § 82 S. 1 GBO nicht der Eigentümer, sondern derjenige verpflichtet ist, dessen Rechtsposition sich geändert hat. Gleichwohl findet man in Rechtsprechung[16] und Schrifttum[17] die Ansicht, Adressat der Verpflichtung sei allein die GbR, nicht etwa ein Gesellschafter oder gar alle.

Nun wird das Verfahren nach § 82 GBO in der Praxis sicherlich eher die Ausnahme, die von den Betroffenen veranlasste Berichtigung des Grundbuchs nach einem Wechsel im Gesellschaftsbestand hingegen die Regel sein. Dabei steht man vor einem ganz ähnlichen Problem. In § 47 Abs. 2 S. 2 GBO heißt es lapidar, die

16 OLG Schleswig v. 28.5.2010 – 2 W 40/10 – FGPrax 2010, 235, 236 f.
17 *Holzer*, in Hügel: Beck-OK GBO, 11. Edition Februar 2011 , § 82 Rn. 24.

für den Berechtigten geltenden Vorschriften gelten entsprechend für die Gesellschafter. Damit dürften auch die für die Grundbuchberichtigung in der Praxis bedeutsamen §§ 22, 19 GBO in Bezug genommen sein. Das Gesetz lässt nicht klar erkennen, ob der Verweis § 899a S. 1 BGB ebenso einschließt. Wegen der verfahrensrechtlichen Bedeutung der Vermutungswirkung ist das m.E. zu bejahen.[18]

Im Falle des Ausscheidens eines Gesellschafters ist daher die Berichtigung des Grundbuchs entsprechend § 19 GBO vorzunehmen, wenn eine dahingehende Bewilligung vorliegt. Wer aber hat diese in wessen Namen abzugeben? Unmittelbar von der Rechtsänderung betroffen ist zwar nur der ausscheidende Gesellschafter, die übrigen sind aber nach h.M. mittelbar betroffen, weshalb bei Änderungen im Gesellschaftsbestand eine Bewilligung *aller* eingetragenen Gesellschafter gefordert wird.[19] Hier handelt also nicht die Gesellschaft, sondern es sind die Gesellschafter, die die Eintragung im eigenen Namen bewilligen. Darüber hinaus kann der Nachweis der Unrichtigkeit (entsprechend § 22 Abs. 1 S. 1 GBO) auch durch Vorlage des Anteilsübertragungsvertrages geführt werden. Sofern an diesem nur der Veräußerer und der Erwerber beteiligt sind, bedarf es zusätzlich des Nachweises, dass der Gesellschaftsvertrag eine derartige Übertragung ohne Mitwirkung der übrigen Gesellschafter zulässt.[20]

Es darf bezweifelt werden, dass es sachliche Gründe gibt, die es rechtfertigen, im Fall des § 82 GBO die Gesellschaft heranzuziehen, im Übrigen aber auf die Bewilligungserklärungen der Gesellschafter abzustellen. Hier zeigt sich, dass den einschlägigen gesetzlichen Vorschriften ebenso wenig ein einheitliches dogmatisches Konzept zugrunde liegt wie den verschiedenen Interpretationsversuchen.

18 So im Ergebnis auch OLG Zweibrücken v. 20.10.2009 – 3 W 116/09 – NJW 2010, 384.

19 Vgl. *Schöner/Stöber*, GBR, 14. Aufl., Rn. 982 f, 362, 100 e; s. ferner *Böttcher*, ZfIR 2009, 621.

20 Die Rechtsprechung, die bei Tod eines Gesellschafters ausnahmsweise von der Vorlage des Gesellschaftsvertrages in der Form des § 29 GBO absieht, sofern ein solcher nicht existiert (etwa BayObLG v. 12.8.1991 – Breg. 2 Z 93/91 – NJW-RR 1992, 228, 230; w. Nachw. Bei *Hügel/Kral*, [Fn. 17] AnhGesellRRn. 66), ist nicht zu übertragen.

IV. Dogmatische Brüche

Die Schwäche der Neuregelung besteht aber nicht allein in ihrer Unvollständigkeit. Hinzu kommen unerklärliche dogmatische Verwerfungen. Betracht man die systematische Stellung von § 899a BGB, meint man, es handele sich um eine zum Sachenrecht gehörende Regelung. Anders als §§ 892, 932 ff. BGB zielt § 899a S. 2 BGB aber nicht darauf, den Mangel der Berechtigung am dinglichen Recht zu kompensieren. Es geht um die dingliche Einigung gemäß §§ 925, 873 BGB und hierbei konkret um die Frage der Vertretungsmacht des Handelnden.Teils wird die Norm daher diesem Bereich zugerechnet, was allerdings voraussetzt, dass man ihren Regelungsgehalt auf dingliche Geschäfte über Rechte an Immobilien beschränkt.[21] Ob das überzeugte und gewollt war, muss allerdings bezweifelt werden, weil die Konsequenzen geradezu aberwitzig wären (s.u. V.). Da die Vertretung der GbR in § 714 BGB geregelt ist, wäre es wohl vorzugswürdig gewesen, die Norm systematisch hier anzusiedeln.[22]

Die Verfasser des Gesetzes haben den systematischen Bruch wohl sogar erkannt; denn § 899a BGB wird in seiner Funktionsweise ausdrücklich mit § 15 Abs. 3 HGB verglichen.[23] Dieser Hinweis wiederum offenbart eine gewisse Unsicherheit im Umgang mit den einschlägigen Vorschriften, legt er doch nahe, dass das Gesetz nur die positive Publizität im Auge hat. Da § 899a S. 1 BGB aber ausdrücklich vermutet, dass neben den eingetragenen Gesellschaftern keine weiteren existieren und S. 2 insofern den guten Glauben schützt, kann sich ein noch nicht eingetragener Gesellschafter dem Erwerber gegenüber nicht auf seine Rechtsstellung berufen. Geschützt wird also auch die negative Publizität des Registers.

Zu diesen „handwerklichen Fehlern“ tritt ein weiterer Bruch, den man mit Fug und Recht als Systembruch bezeichnen kann. Das

21 Vgl. *Lautner*, DNotZ 2009, 650, 670.

22 Eine Regelung im Kontext des allgemeinen Stellvertretungsrechts, vgl. *Reymann*, ZfIR 2009, 81, 85 ff., hätte demgegenüber die Frage aufgeworfen, ob damit eine Aussage über den Charakter des Vertreterhandelns von Organen verbunden ist.

23 BT-Drucks. 16/13437, S. 27, li. Sp.

Grundbuch nämlich wird als Verbandsregister eingesetzt. Wie die bisherigen Ausführungen verdeutlicht haben, geht es bei der Eintragung der Gesellschafter gemäß § 47 Abs. 2 S. 1 GBO nicht darum, die Rechtsverhältnisse an einem Grundstück publik zu machen, sondern um die Publizität der personellen Zusammensetzung einer Personenvereinigung. Dass der Gesetzgeber den damit verbundenen Schutz des Rechtsverkehrs auf einen Ausschnitt, nämlich den Rechtsverkehr mit Immobilien beschränkt hat, ändert an diesem Befund im Grundsatz nichts. Das Grundbuch unterliegt nun aber bekanntermaßen ganz anderen Bestimmungen als die Personenregister. Die Unterschiede betreffen quasi die gesamte Bandbreite des Registerrechts, angefangen von der Antragstellung über die Kosten bis hin zu den Möglichkeiten, Einsicht in die jeweiligen Verzeichnisse zu nehmen. Es ist nicht überzeugend, sich zur Rechtfertigung dieses Zustandes einfach auf die Tatsache zurückzuziehen, vor Anerkennung der Rechtsfähigkeit hätten diese Unterschiede ebenso bestanden. Die Fortentwicklung des Rechts der GbR ist vor allem deswegen erfolgt, weil die individualistische Theorie zu praktischen Unzuträglichkeiten führte. Zu diesen zählte – ähnlich wie bei der Gemeinschaft der Wohnungseigentümer – das Erfordernis der Eintragung sämtlicher Gesellschafter im Grundbuch. Insofern wirft das, vorsichtig ausgedrückt, konservative Agieren des Gesetzgebers die Praxis in diesem Punkt auf den Zustand zurück, der vor Anerkennung der Rechtsfähigkeit bestand. Das ist rechtspolitisch unbefriedigend.

V. Fehlende Praxistauglichkeit der Neuregelung im Rahmen der Veräußerung

Aus Sicht der Praxis dürfte der gewichtigste Mangel der Neuregelungen aber wohl darin bestehen, dass diese nicht einmal klare Lösungen für die auf der Hand liegenden Probleme bereit hält, die mit der Veräußerung eines Rechts an einer Liegenschaft durch eine GbR zusammenhängen. Dies betrifft zum einen die Frage, ob § 899a BGB Auswirkungen auf das der dinglichen Rechtsänderung zugrunde liegende schuldrechtliche Geschäft hat (sub 1.). Zum anderen hat die Neuregelung eine Diskussion darüber ausgelöst, ob der Registereintrag als Nachweis der Existenz des Rechtsträgers ausreicht (2.). Schließlich verursacht der „Missbrauch“ des Grundbuchs als Verbandsregister unnötigen Aufwand (3.).

1. Obligatorisches Geschäft

Nachdem das Konzeptpapier des BMJ vom 3. April 2009 der Öffentlichkeit die Änderungsabsichten des Gesetzgebers zugänglich gemacht hatte, wurde sofort erkannt, dass ein an die Vorschriften der §§ 891 ff. BGB anknüpfendes Modell, das nur das dingliche Geschäft regelt, Stückwerk ist. Der Vertragspartner geht nämlich beim Erwerb von der GbR auch das Risiko ein, dass die handelnden Personen nicht berechtigt sind, für die Gesellschaft das Verpflichtungsgeschäft abzuschließen. Erweist sich der Handelnde als falsus procurator, hängt die Wirksamkeit des obligatorischen Geschäfts und damit die einer etwaigen Vormerkung gemäß § 177 Abs. 1 BGB von der Genehmigung der Gesellschaft ab. Wird sie versagt, ist das Geschäft endgültig unwirksam. Die akzessorische Vormerkung kann ihre Sicherungswirkung in Ermangelung eines gesicherten Anspruchs nicht entfalten und das gemäß § 899a BGB erworbene Recht ist kondizierbar. Obwohl die Entwurfsverfasser auf diese Problematik hingewiesen wurden, hat der Gesetzgeber sie unverständlicher Weise nicht gelöst.

Die Konsequenz ist eine heftige Debatte um die analoge Anwendung von § 899a BGB auf das Verpflichtungsgeschäft. Diejenigen, die sich für einen solchen Rekurs auf die §§ 899a S. 2, 892 BGB aussprechen,[24] halten sich ungefähr die Waage mit denen, die diese Rechtsfortbildung ablehnen.[25] Ich halte ersteres für richtig und glaube bei der Gegenansicht ein wenig die Haltung ausmachen zu können, man wolle einem Gesetzgeber nicht „zu Hilfe kommen“,

24 S. etwa *Lautner*, DNotZ 2009, 650, 670 ff.; *Ruhwinkel*, MittBayNot 2009, 421, 423; unklar *Huhn*, in: *Prütting/Wegen/Weinreich* (PWW), BGB, 5. Aufl. 2010, § 899a Rn. 3.

25 Für diese Ansicht besonders pointiert: *Bestelmeyer*, Rpfleger 2010, 169, 175 ff.; *W. Krüger*, NZG 2010, 801,805 f.; s. ferner *Palandt/Bassenge*, BGB, 70. Aufl. 2011, § 899a Rn. 6, 8.

der Hinweise zu seinen geplanten Gesetzgebungsvorhaben ohne erkennbare Problemanalyse ignoriert.[26] Indes ginge dies zu Lasten der Vertragsparteien und des Rechtsverkehrs im Allgemeinen, der sich durch die Rückabwicklung der Verfügungen über die betroffenen Rechte vollkommen unnötig belastet sähe.

Die für die Analogie erforderliche planwidrige Unvollständigkeit der gesetzlichen Regelung folgt aus dem Ziel des Gesetzgebers, den Rechtszustand nachzubilden, der unter der individualistischen Theorie vor Anerkennung der Rechtsfähigkeit herrschte.[27] Verfügten früher die im Grundbuch eingetragenen Gesellschafter über die Liegenschaft, schlossen sie das korrespondierende Verpflichtungsgeschäft regelmäßig ebenfalls im Namen der eingetragenen Personen ab. Eine Kondiktion des übertragenen Rechts schied daher ebenso aus wie ein Mangel der Vormerkung. Beides wollte die Neuregelung offenkundig verhindern.

Neben diesem in den Materialien zum Ausdruck gebrachten gesetzgeberischen Willen spricht auch das objektiv-teleologische Argument des Gebots einer in sich widerspruchsfreien Rechtsordnung für eine Analogie. Wenn die Gegenansicht in der Kondizierbarkeit ein „absurdes Ergebnis“[28] erblickt und betont, es werde der „bezweckte Gutglaubenserwerb aufgrund dieser Rechtslage zur Gänze entwertet“,[29] dann zeigt das die Verwerfungen auf, die mit einer an der Wortlautgrenze verharrenden Interpretation von § 899a BGB verbunden sind.

Systematische Überlegungen stehen der Analogie nicht entgegen.[30] Sie lassen aus den dargelegten Gründen keinen Rückschluss darauf zu, der Gesetzgeber habe den Regelungsplan verfolgt, allein der Verfügung im Namen der GbR eine gesetzliche Grundlage zu verleihen.

Die damit aufgezeigte Lücke ist durch entsprechende Anwendung der §§ 892 ff. BGB auf das Verpflichtungsgeschäft zu schlie-

26 Darauf deuten etwa die Ausführungen von *Bestelmeyer*, Rpfleger 2010, 169, 175 hin.

27 S. oben bei Fußn. 14.

28 Vgl. *W. Krüger*, FS Zimmermann, 2010, S. 177, 186.

29 *Bestelmeyer*, Rpfleger 2010, 169, 176.

30 Anders aber *Ruhwinkel*, MittBayNot 2009, 421, 422 und *W. Krüger*, NZG 2010, 801, 805 f.

ßen (§ 899a S. 2 BGB analog). Wegen der „anlassbezogenen“ Beschränkung des Gesetzgebers auf Grundstückgeschäfte, kommt eine Analogie aber nur für solche schuldrechtlichen Geschäfte in Betracht, die den Rechtsgrund für ein von § 899a BGB geregeltes dingliches Geschäft bilden. Die Materialien lassen nämlich den ausdrücklichen Willen des Gesetzgebers erkennen, keinen allgemeinen Gutglaubensschutz nach Art des § 15 HGB zu etablieren.

2. Die Existenz der Gesellschaft

Die vom Gesetzgeber gewählte systematische Einbindung der Neuregelungen hat ferner einen Streit darüber ausgelöst, ob die Eintragung der GbR in das Register deren Existenz nachweist. Wie bereits erwähnt (s.o. II.1.) wird § 891 BGB von der h.M. nicht auf die Vermutung der Existenz des eingetragenen Subjekts erstreckt.[31] Gleiches wird daher in Bezug auf § 899a S. 1 BGB vertreten, wobei die Lager auch hier geteilt sind.[32]

Die subjektiv-historische Interpretation lässt nicht daran zweifeln, dass eingetragenen Gesellschaften der Nachweis ihrer Existenz abgenommen werden sollte. In der Begründung heißt es, diese sei „denknotwendig Voraussetzung für das Vorhandensein von Gesellschaftern“.[33] In Anbetracht der bereits betonten, im Lichte dieses Zitats besonders deutlich erkennbaren Inkonsistenz der Anknüpfung an § 891 BGB, möchte ich systematischen Erwägungen bei der Entscheidung dieser Frage keine übermäßige Bedeutung zumessen. Da objektiv-teleologische Argumente, die ein Abweichen vom Willen des Gesetzgebers gebieten, bislang nicht vorgetragen wurden, sprechen aus meiner Warte die besseren Gründe dafür, einen Existenznachweis „durch das Register“ zuzulassen.[34] Freilich ist dieser notwendig auf die in § 899a BGB geregelten Fäl-

31 S. die Nachw. in Fn. 9.

32 Nachw. bei *Palandt/Bassenge*, (o. Fn. 25) § 899a Rn. 7; für die aA etwa PWW/*Huhn*, (o. Fn. 24) § 899a Rn. 3.

33 BT-Drucks. 16/13437 S. 27.

34 Ebenso *Heinze*, ZfIR 2010, 713 mit ausf. Darlegung einer ähnlichen Auslegung des § 32 GBO a.F.

le beschränkt, d.h. die GbR muss bereits als Inhaber eines Rechts im Grundbuch eingetragen sein. Den Erwerb durch eine bestehende GbR ermöglichte hingegen allein § 32 GBO, was die Eintragung der Gesellschaft in ein Verbandsregister voraussetzte.

Von der Erstreckung der Vermutungswirkung ist der gutgläubige Erwerb von einer nicht (mehr) existierenden GbR zu unterscheiden. In der Gesetzesbegründung zu § 899a S. 1 BGB wird das Beispiel einer zweigliedrigen Gesellschaft angeführt, bei der ein Gesellschafter seinen Anteil auf den anderen überträgt. Es kommt zu einer liquidationslosen Beendigung der Gesellschaft, deren Vermögen auf den Empfänger der Anteilsübertragung übergeht. Da damit auch sämtliche Immobiliarsachenrechte der GbR übergegangen sind, fragt sich, inwiefern der gute Glaube Dritter an den Fortbestand der Gesellschaft geschützt ist. Kann deren Fortexistenz fingiert werden, wenn ein Dritter das Eigentum an einer Liegenschaft erwirbt, als deren Eigentümerin noch immer die GbR im Grundbuch geführt wird? Man stelle sich bspw. vor, der vormalige Gesellschafter sei nach dem ursprünglichen Gesellschaftsvertrag zur Alleinvertretung der GbR berechtigt gewesen, und veräußert nach seinem Ausscheiden das Grundstücks an jemanden, der mit der GbR in geschäftlicher Beziehung stand und daher von der Alleinvertretungsmacht ausgehen konnte.

Der Gesetzgeber meint, § 899a BGB schütze auch den guten Glauben an die Existenz des Rechtsträgers,[35] hat diese Annahme aber nicht näher begründet. Legt man die h.M. zu § 15 HGB zugrunde, ist davon auszugehen, dass die Registerpublizität nicht zur Fiktion des Fortbestehens einer beendeten Gesellschaft führt; es haften allerdings gemäß §§ 128, 15 Abs. 1 HGB die Gesellschafter.[36] Was aber heißt das nun für denjenigen, der von einer eingetragenen GbR ein Grundstück gekauft hat und seinen Erfüllungsanspruch durchsetzen möchte, obwohl er inzwischen erfahren hat,

35 In BT-Drucks. 16/13437 S. 27 heißt es in der linken Spalte, § 899a S. 2 BGB gewährleiste i.V.m. § 892 BGB den gutgläubigen Erwerb vom „gar nicht (mehr) existenten Rechtsträger".

36 S. *K. Schmidt,* in: MünchKomm-HGB, 2. Aufl. 2006, § 105 Rn. 258; *W.-H. Roth,* in: Koller/Roth/Morck, HGB, 7. Aufl. 2011, § 15 Rn. 14; *Gehrlein,* in: Ebenroth/Boujong/Joost/Strohn, HGB, 2. Aufl. 2008, § 15 Rn. 13.

dass bei Vertragsschluss bereits keine GbR mehr bestand, sondern das Vermögen auf einen Gesellschafter übergegangen war? Von einer Klage gegen die GbR ist ihm in Anbetracht der h.M. zu § 15 HGB eher abzuraten. Es ist nicht zu erkennen, welche sachlichen Gründe dafür sprechen könnten, dass § 899a S. 2 BGB insofern weiter reicht als § 15 HGB, an dem sich der Gesetzgeber orientiert hat. Im Ergebnis schützt den Erwerber daher wohl nur eine Kette von entsprechend anzuwendenden Normen, was hier als Zeichen für weiteren Anpassungsbedarf der lex scripta gewertet wird. Der wahre Eigentümer haftet nur auf Übergabe und Übereignung der Liegenschaft, wenn man §§ 899a S. 2, 892 BGB entsprechend auf den Kaufvertrag anwendet, so dass der Glaube des Erwerbers an den Fortbestand der aus den beiden Gesellschaftern bestehenden GbR geschützt wird, die dann auf der Grundlage einer hier für den oben gebildeten Fall einmal unterstellten Anscheinsvollmacht wirksam durch den früher alleinvertretungsberechtigten, ehemaligen Gesellschafter vertreten werden konnte. Für diese Verpflichtung haften die beiden vermeintlichen Gesellschafter analog § 128 HGB. Nach h.M. schuldet der Gesellschafter, auf den das Gesellschaftsvermögen übergegangen ist, im Rahmen dieser Haftung die Herausgabe bzw. Übereignung der Liegenschaft.[37] Gem. §§ 899a S. 2, 892 BGB wird der gute Glaube an den Gesellschafterbestand auf der Stufe der Einigung geschützt und sodann mit Hilfe von § 892 BGB die fehlende Berechtigung der veräußernden GbR überwunden.

3. Die Ineffizienz der gegenwärtigen Regelung

Es widerspricht nicht nur der Gesetzessystematik, wenn die personelle Zusammensetzung eines Rechtssubjekts in einem Register publiziert wird, das der Publizität der dinglichen Zuordnung von Rechtsobjekten dient. Vielmehr führt dieses Vorgehen auch zu unnötigem Aufwand; denn wenn einer Gesellschaft mehrere Rechte

37 Statt vieler s. nur *Habersack/Schäfer*, Das Recht der oHG (2010), § 128 Rn. 32.

an Immobilien zustehen, muss das Register z.B. für den Fall eines Gesellschafterwechsels hinsichtlich sämtlicher Rechte berichtigt werden. Gäbe es hingegen ein Register für das Subjekt, genügte eine Änderung. Das Verbandsregister dient also der Rationalisierung.[38]

Von dieser profitieren zunächst einmal die Gesellschafter. Eintretende Gesellschafter müssen nicht in sämtlichen Grundbüchern überprüfen, ob die Bestandsänderung eingetragen wurde. Sie sind nicht auf vollständige Informationen über das Gesellschaftsvermögen angewiesen, sondern es genügt, wenn die Registrierung der GbR bekannt ist. Letzteres wird i.d.R. bereits wegen der Mitwirkung bei der Anmeldung der Fall sein (vgl. §§ 107, 108 HGB).[39] Darüber hinaus sind die Informationen für potentielle Vertragspartner der GbR leichter abzurufen, sofern man sie in einem öffentlich zugänglichen Register hinterlegt und der registrierten GbR eine Offenlegungspflicht nach Art der §§ 37a, 125a HGB, § 7 Abs. 5 PartGG auferlegt.

Demgegenüber wird der Rechtsverkehr zur Zeit dadurch belastet, dass potentielle Vertragspartner der GbR die Information darüber, wer die Gesellschaft zu vertreten berechtigt ist, gegenwärtig nur dann dem Register (Grundbuch) entnehmen können, wenn §§ 714, 709 BGB nicht abbedungen worden sind. Abweichende Vertretungsregelungen sind aber durchaus häufig anzutreffen. In derartiger Fällen wird das eigentliche Informationsbedürfnis nur mittelbar befriedigt, nämlich indem eine Erklärung der im Grundbuch eingetragenen Gesellschafter nachgewiesen wird, aus der sich die Vertretungsmacht des/der Handelnden ergibt. Gem. § 47 Abs. 2 GBO werden also Personen in das Grundbuch eingetragen, die nicht die Berechtigten sind, damit auf die Befugnis des Repräsentanten geschlossen werden kann. Im Grundbuchverkehr sind hierfür regelmäßig weitere Urkunden in der Form des § 29 GBO notwendig.

38 Vollkommen zutreffend *W. Krüger*, NZG 2010, 801, 804: „… es ist auch nicht weniger aufwendig, wenn man das Handelsregister schont und das Grundbuch überfrachtet."

39 Zur umstr. Zulässigkeit von Anmeldevollmachten: OLG Schleswig v. 4.6.2003 – 2 W 50/03 – NZG 2003, 830; enger *Habersack/Schäfer,* (Fn. 37) § 108 Rn. 13.

Als effizient kann dieser Umweg jedenfalls nicht bezeichnet werden.

4. Fazit zu V.

§ 899a BGB hat selbst dann, wenn man nur den Erwerb einer Liegenschaft von einer GbR in den Blick nimmt, nicht dazu geführt, die Unsicherheiten zu beseitigen. Den Anforderungen der Praxis genügt die Norm nicht. Der Gesetzgeber ist aufgerufen, diesen Zustand möglichst rasch zu beseitigen. Daran ändert der Umstand nichts, dass es der Rechtsprechung durchaus möglich wäre, die Neuregelung in einer Weise (analog) anzuwenden, die manche der aufgezeigten Probleme lösen könnte.

VI. Forderungen an den Gesetzgeber

1. Schaffung eines Personenregisters für die GbR

Bereits die Analyse der gegenwärtigen Rechtslage hat deutlich gemacht, wie das Publizitätsproblem zu lösen ist: Die GbR ist zur Eintragung in ein Personenregister zuzulassen. Der Nachweis des Bestehens sowie der Vertretungsberechtigung wären so auf der Grundlage des § 32 GBO zu führen, nämlich durch Vorlage eines amtlichen Registerausdrucks, einer beglaubigten Registerabschrift oder aber durch Notarbescheinigung gem. § 21 BNotO.

Eine Eintragungspflicht muss freilich nicht vorgesehen werden. Es genügt eine *fakultative Eintragung*, weil davon auszugehen ist, dass sich neben den Gesellschaften, die am Grundstücksverkehr teilnehmen, jedenfalls bei unternehmenstragenden GbR rasch die Erwartung potentieller Vertragspartner durchsetzen wird, die Gesellschaft mache ihre Verhältnisse publik. Dort, wo dies wider erwartend nicht so ist, bliebe den Betroffenen der Aufwand einer Eintragung erspart und dieser damit auf die Bereiche beschränkt, in denen der Rechtsverkehr ein Publizitätsbedürfnis hat, was ebenfalls für die fakultative Eintragung spricht.

Ob man, wie von *Ulmer* in seinem Referat vorgeschlagen, für die GbR ein eigenes Register schafft oder ob der Aufwand nicht dann geringer ist, wenn man den Zugang zum Handelsregister – bzw. für die Freiberufler-GbR zum Partnerschaftsregister – öffnete, vermag ich nicht einzuschätzen. Die fließenden Übergänge von der GbR zur oHG könnten ein Argument für die zuletzt genannte Lösung sein. Gegen diese ließe sich zwar einwenden, die GbR sei gerade kein Kaufmann, weshalb die Eintragung in das Handelsregister irreführend sei. Jedoch erscheint mir dies eine sehr förmliche Betrachtungsweise. Irreführungen des Rechtsverkehrs, die bereits infolge der „Firmierung" als GbR unwahrscheinlich sein dürften, ließen sich einfach vermeiden, z.B. durch Schaffung einer eigenen Abteilung im Handelsregister. Richtig ist freilich, dass die Eintragung einer GbR sich deutlich von der fakultativen Eintragung nach § 105 Abs. 2 HGB abheben muss.[40] Ist das gesichert, nötigt nichts zu der Konsequenz, mit der Eintragung in das Handelsregister gehe zwingend die Anwendung sämtlicher Vorschriften des HGB einher. Vielmehr könnte man sich mit einem Verweis auf die registerrechtlichen und ggf. firmenrechtlichen Vorschriften beschränken, wie es in §§ 2 Abs. 2, 5 Abs. 2 PartGG, aber auch § 9 Abs. 1 PartGG geschehen ist. Durch den Verweis auf die Anmeldepflichten wäre übrigens entsprechend § 143 Abs. 2 HGB klargestellt, wen die Pflicht trifft (dazu sub III. 2.).

Bereits an anderer Stelle[41] ist darauf hingewiesen worden, dass die Existenz eines Registers außerdem Möglichkeiten eröffnet, das Interesse der Gesellschafter an einer Beschränkung der Vertretungsmacht der geschäftsführenden Gesellschafter mit den Belangen potentieller Vertragspartner nach dem Modell der §§ 26 Abs. 2 S. 2, 70, 68 BGB in Konkordanz zu bringen. Damit verbunden ist ein Plädoyer für die Beibehaltung der von § 126 HGB abweichen-

40 Entgegen *Weigl*, NZG 2010, 1053, 1055 spricht diese fakultative Eintragungsmöglichkeit nicht gegen eine Eintragung der GbR als solche (!), weil sich die Rechtsfolgen beider Registrierungen unterscheiden.

41 S. *Häublein*, in: FS Günter H. Roth, 2011, sub II. 2.

den Vertretungsregelung im Recht der GbR,[42] wobei § 714 BGB selbstverständlich insofern an die Rechtsfähigkeit angepasst werden sollte, als sich die Vertretungsmacht auf die Gesellschaft bezieht. Damit bin ich bei einer weiteren Forderung an den Gesetzgeber angelangt, die den Abschluss des Referats bildet und zugleich zur eingangs gemachten Bemerkung zum Verhältnis von Rechtsfähigkeit und gesamthänderischer Vermögensbindung zurückkehrt.

2. Differenzierte Behandlung von rechtsfähiger und nicht rechtsfähiger GbR

Der oben beschriebene, gegenwärtige Normenbestand unterscheidet nicht zwischen rechtsfähigen, sog. Außen-GbR und solchen GbR, bei denen der Gesellschaftsvertrag seine Auswirkungen auf das Rechtsverhältnis der Gesellschafter untereinander beschränkt, mithin also ein reines Schuldverhältnis begründet wird. Dies, obwohl es sich um vollkommen verschiedene dogmatische Figuren handelt. § 47 Abs. 2 GBO passt allein für die rechtsfähige GbR, weil es in den anderen Fällen an einem eigenständigen Subjekt fehlt, dem das Recht zustehen könnte.

Damit stellt sich die Frage, ob nicht rechtsfähige (Innen-) GbR entsprechend § 47 Abs. 1 GBO im Grundbuch dadurch zu verlautbaren sind bzw. verlautbart werden können, dass neben den Gesellschaftern ein Zusatz eingetragen wird, der auf die zwischen den Eigentümern bestehende GbR hindeutet. Mir erscheint das ebenso inkonsequent wie die Annahme, eine solche GbR könne über gesamthänderisch gebundenes Vermögen verfügen.[43]

Bereits unter I. wurde dargelegt, dass das Prinzip der gesamthänderischen Bindung dazu dient, den Zusammenhalt des Zweckvermögens zu sichern. Soweit die GbR als rechtsfähig angesehen wird, ist sie grundsätzlich auch Trägerin des Gesellschaftsvermögens.

42 S. hierzu statt aller *Ulmer/Schäfer* in: MünchKomm, BGB, 5. Aufl. 2009, § 714 Rn. 12 ff.

43 Wäre letzteres der Fall, wäre der Zusatz allerdings durchaus geboten, damit der Rechtsverkehr über die Vermögensbindung unterrichtet wird.

Bereits diese dingliche Zuordnung sichert die Miteigentümer gegen Verfügungen über einzelne Gegenstände, weil den Gesellschaftern insofern kein dingliches Recht zusteht.[44] Verzichten die Gesellschafter hingegen darauf, ein eigenständiges Rechtssubjekt zu schaffen und den jeweiligen Vermögensgegenstand in das Vermögen der GbR zu überführen, besteht also nur eine schuldrechtliche Abrede über die Verwendung der von den Gesellschaftern zur Verfügung zu stellenden Vermögensgegenstände, ist auch kein Raum für eine gesamthänderische Bindung. Durch diese nämlich erlangte der Schuldvertrag zwischen den Gesellschaftern letztlich doch Außenwirkung, weil die Verfügungsbefugnis der Gesellschafter eingeschränkt wird. Ein Bedürfnis für einen solchen „Zwitter", der sich zwischen der rechtsfähigen GbR und der „reinen" Innengesellschaft bewegt,[45] besteht m.E. nicht. Das Risiko, dass ein Gesellschafter vertragszweckwidrig über einen Gegenstand oder Anteile an einem solchen verfügt, ist die Folge der Entscheidung gegen die Gründung einer rechtsfähigen Gesellschaft und für einen Gesellschaftsvertrag mit schuldrechtlicher Wirkung. Beschränkt man die Wirkungen des Gesellschaftsvertrages einer solchen Personenvereinigung auf das Innenverhältnis, sehe ich auch keinen Anlass, die Eintragung mit einem Zusatz zu versehen, der auf das Bestehen einer GbR hindeutet. Dass es in der Konsequenz dieser Auffassung liegt, § 719 BGB abzuschaffen, soll hier abschließend nur erwähnt werden, weil eine vertiefte Auseinandersetzung mit dieser Frage die Grenzen meines Themas vollends sprengte.

44 Davon zu unterscheiden sind Verfügungen über die Gesellschafterposition als solche. Über diese kann ein Gesellschafter schon deswegen nicht eigenmächtig verfügen, weil es dadurch zu einem Parteiwechsel im Gesellschaftsvertrag kommt, der – vorbehaltlich abweichender Vereinbarung – der Mitwirkung aller Gesellschafter bedarf. Mit gesamthänderischer Bindung hat das nichts zu tun, so dass es auf § 719 Abs. 1 BGB nicht ankommt! Ein Parteiwechsel änderte im Übrigen nichts daran, dass den Gesellschaftern das Zweckvermögen in seiner Gesamtheit zur Erreichung des Vertragszwecks weiterhin zur Verfügung steht.

45 Vgl. *Ulmer* in: MünchKomm, BGB, 5. Aufl. 2009, § 705 Rn. 289 ff.

BGB-Gesellschaft und Erwerb – Nachweise im Anwendungsbereich des § 20 GBO[1]

Priv.-Doz. Dr. Christoph Reymann, LL.M. Eur.

I. Einleitung

Im vergangenen Jahrzehnt war bei der GbR im Grundbuchverkehr eine spürbare Tendenz erkennbar, an Vergangenem, was nicht mehr ist, festhalten zu wollen. Nach der individualistischen Gesamthandslehre war ursprünglich unstreitig, dass die einzelnen Gesellschafter als Berechtigte in GbR in Anwendung des § 47 GBO a. F. im Grundbuch einzutragen waren. Dann ebnete der II. Zivilsenat des BGH durch die Anerkennung der Partei- und Rechtsfähigkeit der GbR mit seiner Entscheidung vom 29.1.2001 den Weg zur Grundbuchfähigkeit der GbR.[2] Trotzdem verneinte die herrschende Meinung bis zum Beschluss des V. Zivilsenats des BGH vom 4.12.2008 die Grundbuchfähigkeit der GbR.[3] Es wurde propagiert, dass nach wie vor die Gesellschafter unter Angabe des Gemeinschaftsverhältnisses „in GbR" im Grundbuch einzutragen seien.[4] Ähnlich widerwillig nimmt die Rechtspraxis derzeit die Änderungen auf, welche das ERVGBG zum 18.8.2009 für die Eintragung der GbR im Grundbuch gebracht hat. Dies betrifft insbesondere den neuen § 47 Abs. 2 S. 1 GBO.

Das damalige Festhalten an der Eintragung der Gesellschafter konnte zumindest noch damit gerechtfertigt werden, dass die Ein-

1 Die Vortragsform wurde weitgehend beibehalten. Der Ansatz der Nachweismediatisierung durch § 47 Abs. 2 GBO beim Grundstückserwerb durch eine GbR wurde vorab bereits ausführlicher vorgestellt und veröffentlicht in: ZNotP 2011, 84, 84 ff.

2 BGH v. 29.1.2001 – II ZR 331/00 – BGHZ 146, 341, 341 ff.

3 BGH v. 4.12.2008 – V ZB 74/08 – BGHZ 179, 102.

4 Siehe hierzu etwa: BayObLG v. 4.9.2003 – 2Z BR 162/03 – NJW-RR 2004, 810, 811; BayObLG v. 31.10.2002 – 2Z BR 70/02 – NJW 2003, 70, 70 ff.; OLG Schleswig v. 29.10.2007 – 2 W 212/07 – NJW 2008, 306, 306 f.; OLG Celle v. 13.3.2006 – 4 W 47/06 – NJW 2006, 2194, 2194 f.

tragung der Gesellschaft selbst zu Nachweisschwierigkeiten und einem defizitären Verkehrsschutz führte. Dafür, dem Aussagegehalt des § 47 Abs. 2 S. 1 GBO aktuell die Anerkennung zu versagen, besteht jedoch keinerlei Sachgrund. Nachdem der V. Zivilsenat des BGH mit Beschluss vom 4.12.2008 die GbR als grundbuchfähig bestätigte, konnte auf § 47 GBO bei der Eintragung natürlich nicht mehr Rückgriff genommen werden. Seit Verabschiedung des § 47 Abs. 2 S. 1 GBO muss nunmehr aber wieder umgedacht werden. Ähnlich wie die Rechtsprechung des II. und V. Zivilsenats die Lage zur GbR im Grundbuch verändert haben, müssen aktuell die Neuregelungen des ERVGBG verinnerlicht und angewandt werden.

Abermals gilt das Motto: „Was bleibt, ist die Veränderung; was sich verändert, bleibt".[5]
Nachfolgend möchte ich in einem ersten Schritt den derzeitigen Meinungsstand zum Grundstückserwerb durch eine GbR kritisch beleuchten, in einem zweiten Schritt einen Vergleich zu den Nachweisanforderungen bei anderen nicht rechtsfähigen Gesellschaften ziehen und in einem dritten Schritt einen eigenen Ansatz zu den Nachweisvoraussetzungen entwickeln.

II. Meinungsspektrum zu den Nachweisanforderungen

Das Meinungsbild zu den Nachweiserfordernissen beim Erwerb durch eine GbR ist momentan recht weit gefächert. Die Meinungen darüber, in welchem Ausmaß das ERVGBG Veränderungen gebracht hat, könnten mit Blick auf den Erwerb durch eine GbR kaum unterschiedlicher ausfallen. Teilweise wird ein Grundstückserwerb durch Alt-Gesellschaften kategorisch ausgeschlossen, teilweise wird er für unproblematisch möglich gehalten. Sogar die Meinungen zwischen den Senaten ein und desselben Oberlandesgerichts

5 Aphorismus von *Michael Richter*, (*1952), deutscher Historiker.

fallen unterschiedlich aus.[6] Übereinstimmung besteht derzeit darüber, dass das materielle Konsensprinzip nach § 20 GBO sowie die Form nach § 29 GBO Anwendung finden. Die Eintragung einer GbR als neuer Eigentümer im Grundbuch kann somit nur dann erfolgen, wenn die Auflassung des Veräußerers und der GbR in öffentlicher Urkunde nachgewiesen ist. Ebenfalls ist unstreitig, dass der grundbuchrechtliche Bestimmtheitsgrundsatz die Beteiligten dazu zwingt, Angaben zur GbR zu machen, die es dem Rechtspfleger ermöglichen, die Gesellschaft als unverwechselbares Rechtssubjekt zu identifizieren und die Eintragung den Anforderungen des § 15 Abs. 1 lit. c GBV entsprechend vorzunehmen.[7] Hierzu zählen Erklärungen zum Gründungsort, zum Gründungszeitpunkt und gegebenenfalls zum Namen und zum Sitz der Gesellschaft.[8]

Davon abgesehen scheint die derzeitige Diskussion allerdings zu verkennen, dass der Gesetzgeber mit § 47 Abs. 2 S. 1 GBO eine Eintragungsnorm schuf, die speziell die GbR betrifft. Dass die Veränderungen, welche die Einführung des § 47 Abs. 2 S. 1 GBO brachte, keine Beachtung finden, wird deutlich, wenn man bedenkt, dass die Literatur den Streit, ob der Nachweis der Existenz und der Vertretung einer erwerbenden GbR gemäß § 29 Abs. 1 S. 1 GBO[9] oder gemäß § 29 Abs. 1 S. 2 GBO[10] erbracht werden muss, unver-

6 Einerseits: OLG Nürnberg v. 8.4.2010 – 10 W 277/10 – ZIP 2010, 1344, 1344; andererseits: OLG Nürnberg v. 12.11.2010 – 9 W 1373/10 – URL: http://rechtsprechung.dnoti-online-plus.de (Stand: 21.4.2011).

7 KG Berlin v. 22.6.2010 – 1 W 277/10 – NZG 2010, 861, 861; OLG München v. 20.7.2010 – 34 Wx 63/10 – NZG 2010, 1065, 1065; OLG München v. 5.2.2010 – 34 Wx 116/09 – RNotZ 2010, 328, 329; OLG Frankfurt v. 17.6.2010 – 20 W 194/10 – juris-Datenbank, Tz. 6; *Krauß*, notar 2010, 360, 361 f.

8 KG Berlin v. 22.6.2010 – 1 W 277/10 – NZG 2010, 861, 861; OLG München v. 5.2.2010 – 34 Wx 116/09 – RNotZ 2010, 328, 330; OLG Frankfurt v. 17.6.2010 – 20 W 194/10 – juris-Datenbank, Tz. 7; kritisch insofern: *Rezori*, RNotZ 2010, 328, 330 f.

9 OLG Hamm v. 2.11.2010 – I-15 W 440/10 – ZIP 2010, 2245, 2246; OLG Frankfurt v. 17.6.2010 – 20 W 195/10 – juris-Datenbank, Tz. 4; OLG Saarbrücken v. 26.2.2010 – 5 W 371/09-134 – NotBZ 2010, 192, 194; *Dümig*, Rpfleger 2002, 53, 56 f.; *Ulmer/Steffek*, NJW 2002, 330, 337; *Steffek*, ZIP 2009, 1445, 1449; *Tebben*, NZG 2007, 288, 291; so wohl auch: *Leipold*, FS Canaris, 2007, S. 221, 232; *Lautner*, DNotZ 2009, 650, 658; *ders.*, MittBayNot 2005, 93, 95; *Pohlmann*, WM 2002, 1421, 1430; *Heinze*, ZNotP 2010, 409, 410; *Böttcher*, ZNotP 2010, 173, 176; *Krauß*, notar 2010, 360, 363; mit dem Begriff der „Erklärungen“ argumentierend: Böttcher/Blasche, NZG 2007, 121, 125.

10 Zur gesetzlichen Vertretung einer Alpgenossenschaft (§ 29 Abs. 1 S. 2 GBO): BayObLG v. 17.1.1991 – BReg.2 Z 98/90 – BayObLGZ 1991, 24, 34; zur gesetzlichen Vertretung

ändert fortführt. Bislang ist in der Literatur nur teilweise der Ansatz ausfindig zu machen, dass § 47 Abs. 2 S. 1 GBO einen Richtigkeitsnachweis gegebenenfalls entbehrlich macht.[11]

1. Gründung in der Erwerbsurkunde

Die Rechtsprechung lässt § 47 Abs. 2 S. 1 GBO bei den Nachweisvoraussetzungen weitgehend unbeachtet und konzentriert sich auf die Vorgaben des § 29 GBO. An vorderster Front meinungsbildend wirken hier die Oberlandesgerichte München[12], Bamberg[13], Köln[14], Hamm[15] und ansatzweise das Kammergericht Berlin[16]. Diese Oberlandesgerichte vertreten die Ansicht, dass der Grundstückserwerb durch eine GbR nur noch dann im Grundbuch eingetragen werden könne, wenn im Grundbuchverfahren Richtigkeitsnachweis bezüglich der Existenz, der Identität und der Vertretung der GbR in der Form des § 29 Abs. 1 GBO erbracht wird. Das OLG München fordert dabei einen „sicheren Nachweis". Das OLG München setzt voraus, dass der (notarielle) Gesellschaftsvertrag „in unmittelbarem Zusammenhang mit dem Grundstücksgeschäft" abgeschlossen wird.[17] Dies bedeutet im Klartext, dass Alt-Gesellschaften vom

einer fränkischen Waldkorporation (§ 29 Abs. 1 S. 2 GBO): OLG München v. 30.10.2009 – 34 Wx 56/09, 34 Wx 056/09 – juris-Datenbank; zur Rechtsfähigkeit einer ausländischen Gesellschaft (§ 29 Abs. 1 S. 2 GBO): OLG Hamm v. 18.8.1994 – 15 W 209/94 – NJW-RR 1995, 469, 470; zur Rechtsfähigkeit einer Stiftung (§ 29 Abs. 1 S. 2 GBO): OLG Frankfurt v. 4.9.1996 – 20 W 299/96 – NJW-RR 1997, 401, 402; für eine Anwendung des § 29 Abs. 1 S. 2 GBO: *Wagner*, ZIP 2005, 637, 645.

11 *Ruhwinkel,* MittBayNot 2009, 420, 424; *Hertel,* in: Albrecht/Hertel/Kesseler, Aktuelle Probleme der notariellen Vertragsgestaltung im Immobilienrecht (2010/2011), DAI 2011, S. 50 f.; vgl. auch: *Priester*, 9. Gesellschaftsrechtliche Jahresarbeitstagung, DAI 2011, S. 49.

12 OLG München v. 17.8.2010 – 34 Wx 98/10 – NZG 2010, 1263, 1263; OLG München v. 20.7.2010 – 34 Wx 63/10 – NZG 2010, 1065, 1065.

13 OLG Bamberg v. 9.2.2011 – 3 W 176/2010.

14 OLG Köln v. 29.11.2010 – I-2 Wx 26/10, 2 Wx 26/10 – juris-Datenbank; OLG Köln v. 29.11.2010 – 2 Wx 85/10.

15 OLG Hamm v. 2.11.2010 – I-15 W 440/10 – ZIP 2010, 2245, 2245 ff.

16 KG Berlin v. 5.10.2010 – 1 W 132/10 – URL: http://rechtsprechung.dnoti-online-plus.de (Stand: 21.4.2011).

17 OLG München v. 20.7.2010 – 34 Wx 63/10 – NZG 2010, 1065, 1065; so auch *Bestelmeyer,* Rpfleger 2010, 169, 183 f.

Grundstückserwerb ausgeschlossen sind. Denn bei Ihnen liegt der Gründungsvertrag zu lange zurück, als dass mit ihm noch die Existenz und Vertretung der GbR bewiesen werden könnten. Die Konsequenz ist in gleicher Weise logisch wie ernüchternd: Erstens ist nur Neu-Gesellschaften ein Grundstückserwerb möglich, und zwar nur dann, wenn die GbR in der notariellen Erwerbsurkunde gegründet wird.[18] Zweitens darf kein Gründungsgesellschafter bei der Beurkundung der Auflassung vollmachtlos vertreten werden, weil ansonsten bei der Nachgenehmigung bezüglich der Auflassung Richtigkeitsnachweis bezüglich der Identität der erwerbenden und der nachgenehmigenden Gesellschaft nicht geführt werden kann.[19]

Erstaunlich ist, dass das OLG München diesen Befund aus § 29 GBO ableitet, also aus einer Norm, die durch das ERVGBG gar nicht verändert wurde. § 47 Abs. 2 S. 1 GBO bleibt hingegen unbeachtet. Die praktischen Folgen sind verheerend. Während die Eigentumsübertragungsvormerkung zugunsten der GbR auf der Grundlage des § 19 GBO ohne Weiteres eingetragen wird, scheitert die Eigentumsumschreibung auf die Alt-GbR im Rahmen des § 20 GBO typischerweise am Richtigkeitsnachweis bezüglich der Existenz und der Vertretung der GbR.[20] Hierzu muss die Alt-GbR durch eine neu zu gründende GbR ausgewechselt werden. Dies kann entweder nach dem sog. Abtretungsmodell oder nach dem sog. Rückabwicklungsmodell erfolgen.[21] Während die Alt-GbR nach dem Abtretungsmodell ihren Eigentumsübertragungsanspruch aus dem ursprünglich beurkundeten Kaufvertrag an eine neu gegründete GbR (Neu-GbR) abtritt, wird nach dem sog. Rückabwicklungsmodell der bisherige Kaufvertrag mit der Alt-GbR aufgehoben sowie vollständig rückabgewickelt und ein neuer Kaufvertrag mit der Neu-GbR geschlossen. Die Auflassung wird in beiden Fällen direkt

18 OLG München v. 17.8.2010 – 34 Wx 98/10 – NZG 2010, 1263, 1263; OLG München v. 20.7.2010 – 34 Wx 63/10 – NZG 2010, 1065, 1065; *Bestelmeyer,* Rpfleger 2010, 169, 182 ff.; *Schneider,* ZfIR 2010, 728, 730; tendenziell auch KG Berlin, Beschl. v. 5.10.2010 – 1 W 392/10 – URL: http://rechtsprechung.dnoti-online-plus.de (Stand: 21.4.2011).

19 Vgl. OLG Bamberg v. 9.2.2011 – 3 W 176/2010; URL: http://www.rechtspflegerforum.de/archive/index.php/t-52856.html. (Stand: 3.4.2011).

20 vgl. OLG Schleswig v. 9.12.2009 – 2 W 168/09 – DNotZ 2010, 296, 297.

21 Im Überblick: Gutachten, DNotI-Report 2010, 189, 191 f..

zwischen Veräußerer und Neu-GbR erklärt, sodass die Eigentumsübertragung unmittelbar auf die Neu-GbR erfolgt.[22] Soll das neu erworbene Grundstück mit dem bisherigen Grundstücksbestand der Alt-GbR vereinigt werden, müssen darüber hinaus entweder sämtliche Anteile an der Neu-GbR auf die Alt-GbR oder sämtliche Anteile an der Alt-GbR auf die Neu-GbR übertragen werden[23]. Es erscheint zweifelhaft, ob der Gesetzgeber bei der Verabschiedung des ERVGBG einen derartigen Ausschluss sämtlicher Alt-Gesellschaften vom Grundstückserwerb beabsichtigte.

2. Bestätigungsmodell

Andere Oberlandesgerichte beschränken sich zwar ebenfalls auf eine Auslegung des § 29 GBO und fordern einen Richtigkeitsnachweis bezüglich der Existenz, der Identität und der Vertretung gegenüber dem Grundbuchamt. Sie machen allerdings eine Hintertür auf, um auch Altgesellschaften den Grundstückserwerb zu ermöglichen. Ich meine hiermit das sog. Bestätigungsmodell. Dieses wird von den Oberlandesgerichten Saarbrücken[24], Oldenburg[25], Brandenburg[26], dem 9. Senat des OLG Nürnberg[27] und ansatzweise dem OLG Dresden[28] vertreten. Das Modell zeichnet sich dadurch aus, dass es mit § 29 Abs. 1 GBO recht großzügig umgeht und Bestätigungen bzw. Geständniserklärungen der Gesellschafter als Wahrheitsbeweis für ausreichend erachtet.[29] Die angeblichen Gesell-

22 Zu den grunderwerbsteuerlichen Implikationen: Gutachten, DNotI-Report 2010, 189, 191 f.; *Ihle,* DNotZ 2010, 725, 743 ff.

23 *Bestelmeyer,* Rpfleger 2010, 169, 183 f.; *Ihle,* DNotZ 2010, 725, 748; mit Formulierungsvorschlag: *Krauß,* notar 2010, 360, 362.

24 OLG Saarbrücken v. 26.2.2010 – 5 W 371/09-134 – ZfIR 2010, 329, 229 ff.; offen lassend: OLG Frankfurt v. 17.6.2010 – 20 W 195/10 – juris-Datenbank, Tz. 7.

25 OLG Oldenburg v. 19.7.2010 – 12 W 133/10 – ZfIR 2010, 726, 727.

26 OLG Brandenburg v. 7.10.2010 – 5 Wx 77/10 – NotBZ 2010, 459, 459 ff.

27 OLG Nürnberg v. 12.11.2010 – 9 W 1373/10 – URL: http://rechtsprechung.dnoti-online-plus.de (Stand: 21.4.2011).

28 OLG Dresden v. 21.10.2010 – 17 W 1065/10 – juris-Datenbank, Tz. 8.

29 *Ruhwinkel,* DNotZ 2010, 304, 304 ff.; *Böttcher,* ZfIR 2009, 613, 618; *ders.,* ZNotP 2010, 173, 176 f.; *ders.,* AnwBl 2011, 1, 5; *Weimer,* NotBZ 2010, 195, 196; *Werner,* MDR 2010, 721, 723 f.; ähnlich: *Böhringer,* NotBZ 2009, 86, 88.

schafter müssen nur im Urkundseingang genannt werden und in der Erwerbsurkunde erklären, dass es die genannte Gesellschaft gibt und dass sie (gegenwärtig) aus den namentlich genannten Gesellschaftern besteht.[30] Das Grundbuchamt kann die Richtigkeit der Geständniserklärungen nur bei konkreten Anhaltspunkten in Zweifel ziehen.[31]

Auch wenn der Ansatz des Bestätigungsmodells Zustimmung verdient, ist seine dogmatische Begründung wenig überzeugend. Denn das Bestätigungsmodell wird in erster Linie anhand vermeintlicher Parallelen zur Bestätigung von Vollmachten im Grundbuchverfahren begründet.[32] Dieser Vergleich überzeugt allerdings nicht.[33] Bei der Vollmacht ist es sicher sachgerecht, die Vollmachtsbestätigung des Vertretenen dem Nachweis der Bevollmächtigung des Vertreters in der Form des § 29 Abs. 1 GBO gleichzusetzen. Denn der Bestätigende könnte im Zeitpunkt der Abgabe seiner Erklärung theoretisch auch das Vertretergeschäft gemäß § 184 BGB genehmigen.[34] Vollmachtsbestätigungen haben daher nicht nur Geständnis-, sondern auch Genehmigungscharakter.[35] Mit einem solchen „Genehmigungs"- bzw. „Heilungs"-Effekt hat man es bei den Geständniserklärungen der angeblichen GbR-Gesellschafter aber nicht zu tun. Hier weiß man nicht einmal, ob die Erklärenden überhaupt Gesellschafter der Erwerber-GbR sind.[36] Sie behaupten vielmehr nur, Gesellschafter zu sein. Sind die Geständniserklärungen falsch, entfaltet der ursprüngliche Gesell-

30 OLG Saarbrücken v. 26.2.2010 – 5 W 371/09-134 – ZfIR 2010, 329, 330 f.; OLG Oldenburg v. 19.7.2010 – 12 W 133/10 – ZfIR 2010, 726, 727; OLG Brandenburg v. 7.10.2010 – 5 Wx 77/10 – NotBZ 2010, 459, 461.

31 OLG Brandenburg v. 7.10.2010 – 5 Wx 77/10 – NotBZ 2010, 459, 460.

32 OLG Saarbrücken v. 26.2.2010 – 5 W 371/09-134 – ZfIR 2010, 329, 331; so auch: OLG Oldenburg v. 19.7.2010 – 12 W 133/10 – ZfIR 2010, 726, 727; OLG Brandenburg v. 7.10.2010 – 5 Wx 77/10 – NotBZ 2010, 459, 459 ff.; vgl. hierzu auch die Rechtsprechung zur Vollmachtsbestätigung: BGH v. 6.3.1959 – V ZB 3/59 – BGHZ 29, 366, 368; RG v. 23.4.1922 – VII ZR 492/21 – RGZ 104, 358, 361 f..

33 Ebenso: OLG Hamm v. 2.11.2010 – I-15 W 440/10 – ZIP 2010, 2245, 2247; OLG Köln v. 29.11.2010 – I-2 Wx 26/10, 2 Wx 26/10 – juris-Datenbank, Tz. 29; *Lautner,* MittBayNot 2010, 286, 289 f.

34 OLG Köln v. 29.11.2010 – 2 Wx 85/10.

35 OLG Köln v. 29.11.2010 – I-2 Wx 26/10, 2 Wx 26/10 – juris-Datenbank, Tz. 29; OLG Köln v. 29.11.2010 – 2 Wx 85/10.

36 OLG Frankfurt v. 17.6.2010 – 20 W 195/10 – juris-Datenbank, Tz. 9.

schaftsvertrag keine Wirkungen.[37] Zwar können die Gesellschafter durch übereinstimmende (Bestätigungs-) Erklärungen ihre Vertretungsverhältnisse jederzeit regeln.[38] Die fehlende Existenz einer angeblich bestehenden Alt-GbR kann über Geständniserklärungen aber nicht überbrückt werden.[39]

Im Ergebnis leidet das Bestätigungsmodell damit an dem Manko, dass seine dogmatische Begründung zu wünschen übrig lässt. Darüber hinaus lässt es – ähnlich wie das OLG München – die Veränderungen des ERVGBG – insbesondere § 47 Abs. 2 S. 1 GBO – unbeachtet und befasst sich ausschließlich mit § 29 GBO.

3. Vorlage des Gesellschaftsvertrages als positiver Nachweis

Einerseits fordert das Bestätigungsmodell einen Richtigkeitsnachweis bezüglich der Existenz und der Vertretung der GbR; andererseits unterstellt es im Rahmen des § 29 GBO aber „ins Blaue hinein“ die Wahrheit einfacher Wissenserklärungen. Mit diesem Spagat zwischen Normwirklichkeit und Praktikabilität steht das Bestätigungsmodell nicht allein. Zahlreiche Stimmen versuchen, mittels eines beurkundeten oder beglaubigten Gesellschaftsvertrages die Verhältnisse der erwerbenden GbR in der Form des § 29 GBO positiv nachzuweisen.[40] Ob ein Richtigkeitsnachweis überhaupt erforderlich ist, wird auch in diesem Zusammenhang nicht in Frage gestellt, sondern ganz im Gegenteil als selbstverständlich vorausgesetzt, dass Existenz und Vertretung der GbR durch öffentliche Urkunden im Rahmen des § 20 GBO nachzuweisen sind. Ein in öffentlicher Urkunde abgefasster Gesellschaftsvertrag kann grundsätzlich jederzeit mündlich oder konkludent geändert werden. Um anhand des Gesellschaftsvertrages trotzdem die Existenz und Ver-

37 Ähnlich: OLG Köln v. 29.11.2010 – I-2 Wx 26/10, 2 Wx 26/10 – juris-Datenbank, Tz. 29; *Schneider,* ZfIR 2010, 728, 729; *Bestelmeyer,* Rpfleger 2010, 169, 182.

38 *Ruhwinkel,* DNotZ 2010, 304, 304.

39 So OLG Brandenburg v. 7.10.2010 – 5 Wx 77/10 – NotBZ 2010, 459, 461.

40 Vgl. OLG Rostock v. 14.9.2010 – 3 W 100/10 – URL: http://rechtsprechung.dnoti-online-plus.de (Stand: 21.4.2011); *Lautner,* DNotZ 2009, 650, 658 f.; *ders.,* NotBZ 2009, 77, 83.

tretung einer Erwerber-GbR nachweisen zu können, werden in der Literatur zahlreiche Begründungsversuche unternommen: Erstens wird durch Form- und Bindungsklauseln im Gesellschaftsvertrag versucht, diesen positiv beweiskräftig zu machen, zweitens wird mit Geburtsvollmachten als Nachweisvehikel gearbeitet, drittens wird dem Gesellschaftsvertrag durch Analogieschlüsse ein fortdauernder Beweiswert zugesprochen und viertens werden eidesstattliche Versicherungen für nachweistauglich gehalten. Stellt man die Frage zurück, ob § 47 Abs. 2 S. 1 GBO beim Erwerb durch eine GbR nicht generell einen Richtigkeitsnachweis entbehrlich macht, muss man sich zwangsläufig mit der Frage auseinandersetzen, ob mittels eines dieser Begründungsmodelle der Gesellschaftsvertrag ohne zeitliche Beschränkung nachweistauglich ist.

a) Form- und Bindungsklauseln im Gesellschaftsvertrag

Ein denkbares Vorgehen besteht – wie bereits erwähnt – darin, über Form- und Bindungsklauseln die Beweiskraft des Gesellschaftsvertrags zu erhöhen. Es könnte z. B. eine Formklausel in den Gesellschaftsvertrag aufgenommen werden, wonach Änderungen des Gesellschaftsvertrages – insbesondere solche, welche die grundbuchverfahrensrechtliche Nachweistauglichkeit herabsetzen – der notariellen Beurkundung bedürfen (einfache Formklausel) und gegebenenfalls nur vor einem bestimmten Notar vereinbart werden können.[41] Ähnlich wie in § 54 Abs. 1 S. 2 GmbHG könnte der betreffende Notar dann bei Bedarf eine Bescheinigung erstellen, die Auskunft über die jeweilige Vertragsfassung gibt.

41 Ähnlich angedeutet, aber offen gelassen vom V. Zivilsenat des BGH: „[…] oder ob es etwa genügte, wenn die Gesellschafter Änderungen des Gesellschafterbestands oder der Vertretungsbefugnis in notariell beglaubigter Form vornehmen und nachweisen oder in ihrem notariell beglaubigten Gesellschaftsvertrag vereinbaren, dass solche Veränderungen nur wirksam sind, wenn sie dem Urkunds- oder einem anderen Notar gegenüber erklärt werden mit der Folge, dass dieser die Funktion des fehlenden Registers übernähme, bedarf hier keiner Entscheidung.“ (BGH v. 4.12.2008 – V ZB 74/08 – BGHZ 179, 102, 108, Tz. 12); ähnlich – mit Formulierungsvorschlag – auch: *Schubert,* ZNotP 2009, 178, 180 f., 187.

Auf den ersten Blick erscheint dieser Ansatz geeignet, die Beweiskraft notarieller Gesellschaftsverträge zu erhöhen. Bei genauer Betrachtung wird jedoch deutlich, dass die Gesellschafter den Gesellschaftsvertrag trotz der Formklauseln kraft ihrer Privatautonomie jederzeit mündlich ändern bzw. ganz oder teilweise aufheben können.[42] Diese Gefahr bestünde sogar dann, wenn sich die Gesellschafter bei einer Änderungsmaßnahme, die möglicherweise konkludent vorgenommen wird, der vereinbarten Form überhaupt nicht bewusst sind.[43] Erschwert werden kann die mündliche Abänderbarkeit zwar dadurch, dass auch die Aufhebung oder Abänderung der Formklausel im Sinne einer „qualifizierten Formklausel" von der Einhaltung der notariellen Beurkundung abhängig gemacht wird.[44] Auch in diesem Zusammenhang besteht jedoch die Gefahr, dass die Formsicherungsklausel und anschließend auch die „einfache Formklausel" mündlich oder gar konkludent aufgehoben werden können.

Zwar werden teilweise recht großzügig Selbstbeschränkungen im Hinblick auf qualifizierte Formklauseln zugelassen.[45] So können Kaufleute ihre rechtsgeschäftlichen Beziehungen etwa starr an bestimmte Formen binden, weil das Gesetz ihnen in stärkerem Maße Formfreiheit zugesteht als anderen Teilnehmern am privaten Rechtsverkehr (§ 350 HGB). Zudem kann die Einhaltung einer bestimmten Form für die Führung eines Unternehmens von nicht unerheblicher Bedeutung sein.[46] In Bezug auf Formklauseln in Gesellschaftsverträgen hat der BGH jedoch entschieden, dass eine

42 BGH v. 2.6.1976 – VIII ZR 97/74 – BGHZ 66, 378, 382; BGH v. 16.06.1966 – VIII ZR 106/64 – WM 1966, 1200, 1200 ff.; BGH v. 20.6.1962 – V ZR 157/60 – NJW 1962, 1908, 1908 f.; *Ellenberger,* in: Palandt, BGB, 70. Aufl. 2011, § 125 Rn. 19; kritisch bei Gesellschaftsverträgen: *Römermann,* NZG 2005, 978, 980 f.

43 BGH v. 26.11.1964 – VII ZR 111/63 – NJW 1965, 293, 293; BAG v. 16.08.1983 – 3 AZR 34/81 – FamRZ 1984, 691, 691 ff.; *Palm,* in: Erman, BGB, 12. Aufl. 2008, § 125 Rn. 9; *Ellenberger,* in: Palandt, BGB, 70. Aufl. 2011, § 125 Rn. 19; a. A. *Wendtland,* in: Bamberger/Roth, BGB, 2. Aufl. 2007, § 125 Rn. 14; kritisch: *Hefermehl,* in: Soergel, BGB, 13. Aufl. 1999, § 125 Rn. 33; *Einsele,* in: MünchKomm, BGB, 5. Aufl. 2006, § 125 Rn. 70.

44 BAG v. 24.06.2003 – 9 AZR 302/02 – NJW 2003, 3725, 3725 ff.

45 BGH v. 2.6.1976 – VIII ZR 97/74 – BGHZ 66, 378, 382; *Ellenberger,* in: Palandt, BGB, 70. Aufl. 2011, § 125 Rn. 19; *Wendtland,* in: Bamberger/Roth, BGB, 2. Aufl. 2007, § 125 Rn. 14; zurückhaltend: *Junker,* in: jurisPK, BGB, 5. Aufl. 2010, § 125 Rn. 74.

46 BGH v. 2.6.1976 – VIII ZR 97/74 – BGHZ 66, 378, 382.

Schriftformklausel in einem OHG-Vertrag grundsätzlich nicht die Unwirksamkeit von mündlichen Änderungen des Gesellschaftsvertrages zur Folge hat.[47] Zur Begründung stützt sich der BGH darauf, dass bei Personengesellschaften wegen ihrer Ausrichtung auf lange Zeiträume ein starkes Bedürfnis nach Abänderungen besteht und Formklauseln bei Gesellschaftsverträgen nach dem Willen der Gesellschafter keine Wirksamkeitsvoraussetzung sein sollen.[48]

Übertragen auf die GbR bedeutet dies Folgendes: Solange eine GbR Grundbesitz hält oder erwerben möchte, besteht zwar ein Bedürfnis danach, dass die Gesellschafter den Gesellschaftsvertrag nicht formlos ändern können und sich möglicherweise sogar verpflichten, Änderungen nur vor einem bestimmten Notar zu beurkunden (der dann über die jeweilige Vertragsfassung Auskunft geben kann). Im Ergebnis droht die Gestaltung jedoch daran zu scheitern, dass die Gesellschafter sich nicht im Vorhinein wirksam binden können, Änderungen des Gesellschaftsvertrages nur in einem bestimmten Verfahren oder vor einer bestimmten Stelle vorzunehmen. Die Möglichkeit, sich selbst im Rahmen sog. Ewigkeitsklauseln zu binden, ist zwar ebenfalls Ausdruck der Privatautonomie. Denn auch die Beachtlichkeit eines vormals geäußerten Willens und dessen Vorrang gegenüber im Nachgang abweichenden Maßnahmen ist Bestandteil der Vertragsfreiheit. Ob aber auch die ewige Selbstbindung der Gesellschafter einer GbR zulässig ist, jegliche Vertragsänderungen an die Beurkundung vor einem bestimmten Notar zu knüpfen, erscheint äußerst zweifelhaft.[49] Denn insofern dürfte die Freiheit der Gesellschafter, sich einvernehmlich über einen vormals geäußerten Willen formlos hinwegzusetzen, höher zu bewerten sein.

Damit bleibt als Zwischenergebnis festzuhalten, dass Form- und Bindungsklauseln grundsätzlich ungeeignet sind, die Beweiskraft des Gesellschaftsvertrages längerfristig zu sichern.

47 BGH v. 5.2.1968 – II ZR 85/67 – NJW 1968, 1378, 1378 f.; kritisch hierzu *Römermann,* der sich für die Anwendung der Grundsätze über die fehlerhafte Gesellschaft ausspricht: NZG 2005, 978, 981 f.

48 BGH v. 5.2.1968 – II ZR 85/67 – NJW 1968, 1378, 1379.

49 So auch unter Hinweis auf etwaige wettbewerbsrechtliche Bedenken: *Schubert,* ZNotP 2009, 178, 180 f.

b) Geburtsvollmachten anlässlich des Gründungsvertrages

Der zweite Begründungsansatz, um die abnehmende Beweiskraft eines beurkundeten Gesellschaftsvertrages auszugleichen, besteht in der Vorlage von Geburtsvollmachten als Nachweisvehikel. Geburtsvollmachten zeichnen sich dadurch aus, dass sie bei der „Geburt" der GbR – also bei der Gründung – rechtsgeschäftlich an alle oder einzelne Gesellschafter erteilt werden, um die Nachweisführung gegenüber dem Grundbuchamt dauerhaft zu gewährleisten.[50] Für das Grundbuchamt ist wegen des engen zeitlichen Zusammenhangs mit der Gründung, der am besten aus den Vollmachtsurkunden hervorgeht, ersichtlich, dass die in der Vollmacht aufgeführte GbR bei Erteilung der Vollmacht existierte und durch die im Gründungsvertrag aufgeführten Gesellschafter wirksam vertreten wurde.[51] Somit erbringen Geburtsvollmachten mit Blick auf § 29 Abs. 1 GBO den Nachweis, dass eine existente und mit einer bestimmten Identität versehene GbR den handelnden Gesellschaftern wirksam Vollmacht erteilt hat.

Beweisrechtlich greifen bei Geburtsvollmachten die §§ 172, 173 BGB ein, die bewirken, dass ein gutgläubiger Dritter, der auf die Vorlage einer dem Vertreter ausgehändigten Vollmacht vertraut, selbst bei Nichtbestehen der Vollmacht so gestellt wird, als wäre der Vertreter tatsächlich bevollmächtigt.[52] Ist ein GbR-Gesellschafter bei Abgabe einer Erklärung im Besitz einer Geburtsvollmacht und legt sie dem gutgläubigen Dritten vor, spricht im Grundbuchverfahren ein allgemeiner Erfahrungssatz für den Fortbestand der Vollmacht. In diesem Fall wird die Erteilung der Vollmacht dem Grundbuchamt durch Vorlage der Vollmachtsurkunde nachgewiesen, die den Anforderungen des § 29 GBO entsprechen muss.[53] Indem sich der Vertreter auf die Vollmacht be-

50 *Zimmer,* MDR 2009, 237, 240; *ders.,* NZM 2009, 187, 189; *Miras,* GWR 2009, 78, 80; *Rebhan,* NotBZ 2009, 445, 450; *Schubert,* ZNotP 2009, 178, 181 f.; *Tebben,* NZG 2007, 288, 292.

51 *Krauß,* Immobilienkaufverträge in der Praxis, 5. Aufl. 2010, Rn. 301; *Miras,* GWR 2009, 78, 80; *Zimmer,* MDR 2009, 237, 240.

52 *Stiegele,* BWNotZ 1985, 129, 130.

53 *Steffek,* ZIP 2009, 1445, 1452.

ruft, ist gleichsam auch der Nachweis des Zugangs der Vollmacht an ihn erbracht.[54] Der Nachweisführung durch Geburtsvollmachten steht grundsätzlich nicht entgegen, dass auf diese Weise (Gründungs-) Gesellschafter neben ihrer organschaftlichen Vertretungsmacht rechtsgeschäftliche Vertretungsmacht erhalten.[55]

Zu einer unzulässigen Aushöhlung einer organschaftlichen Gesamtvertretung führen Geburtsvollmachten an alle oder einzelne Gesellschafter ebenfalls nicht.[56] Bei der GbR dient die kraft dispositiven Rechts – nämlich kraft der §§ 709, 714 BGB – bestehende Gesamtvertretung dem Schutz der GbR vor einem Fehlverhalten einzelner Gesellschafter. Deshalb stellt sich z. B. die Frage, inwiefern Gesellschafter untereinander durch Ermächtigung Vertretungsmacht auf einen einzigen Gesellschafter übertragen und den Schutz durch die Gesamtvertretung aushöhlen können.[57] Bei Geburtsvollmachten wird diese Frage regelmäßig nicht erheblich. Denn unabhängig von der Ausgestaltung der organschaftlichen Vertretung ist es hier die GbR, die (Einzelvertretungs-) Vollmacht erteilt. Tritt die GbR aber selbst als Vollmachtgeber auf, verzichtet sie eigenmächtig auf den Schutz einer etwaigen Gesamtvertretung.[58]

Beim Grundstückserwerb durch eine Alt-GbR stellt sich die Frage, ob über den Einsatz von Geburtsvollmachten sämtliche sich aus §§ 20, 29 GBO ergebende Nachweiserfordernisse tatsächlich abgedeckt werden. Ausgehend von § 172 BGB erstreckt sich die Vermutung einer vorgelegten Geburtsvollmacht grundsätzlich nur darauf, dass der bevollmächtigte Gesellschafter von der Gesellschaft (unmittelbar nach der Gründung) wirksam bevollmächtigt wurde.

54 *Schöner/Stöber,* Grundbuchrecht, 14. Aufl. 2008, Rn. 3580.

55 *Steffek,* ZIP 2009, 1445, 1455; a. A.: *Berghoff,* Die organschaftliche Vertretung der Gesellschaft bürgerlichen Rechts, 2005, S. 111; a. A. ebenfalls: *Wertenbruch,* WuB II J. § 705 BGB 1.02. unter Verweis auf *Emmerich,* der jedoch nur davon spricht, dass die „vertretungsberechtigten Gesellschafter in jedem gesetzlich zulässigen Umfang ausdrücklich oder konkludent zur Vertretung der Gesellschaft bevollmächtigt werden“ können: *Emmerich,* in: Heymann, HGB, 2. Aufl. 1996, § 125 Rn. 14.

56 Siehe hierzu: *Wertenbruch,* NZG 2005, 462, 462 ff.

57 *Wertenbruch,* NZG 2005, 462, 463.

58 Sehr großzügig in diesem Zusammenhang: BGH v. 14.2.2005 – II ZR 11/03 – NZG 2005, 345, 345.

Es wird also lediglich vermutet, dass die Gesellschaft bei Vollmachtserteilung bestand und von den handelnden Gesellschaftern vertreten werden konnte. Keine Vermutung stellen Geburtsvollmachten dagegen auf, dass die vollmachtgebende GbR immer noch fortbesteht. Ein auf den Erwerbszeitpunkt bezogener Existenznachweis wird nicht erbracht. Dies schränkt die Tauglichkeit von Geburtsvollmachten als Nachweismittel ein: Denn ergibt sich aus Geburtsvollmachten kein aktueller Existenznachweis der GbR, erscheint es zweifelhaft, ob sie den Anforderungen des OLG München, das in seinen Entscheidungen auf einen aktuellen Existenznachweis Wert legt, wirklich entsprechen.

Somit dürften auch Geburtsvollmachten keinen Grundstückserwerb durch Alt-Gesellschaften ermöglichen, wenn man am Postulat des positiven Richtigkeitsnachweises festhält.

c) Anwendung des § 172 BGB auf den Gesellschaftsvertrag

Recht weitreichend ist der Begründungsansatz, § 172 BGB auf notariell beurkundete Gesellschaftsverträge entsprechend anzuwenden. Wäre § 172 BGB auch auf den Gesellschaftsvertrag anwendbar, könnte dessen Vorlage auch zum Nachweis des aktuellen Bestehens sowie der Vertretung einer erwerbenden Alt-GbR in grundbuchtauglicher Form dienen.[59]

aa) Meinungsbild in Literatur und Rechtsprechung

Teilweise bejaht die Literatur eine analoge Anwendung des § 172 BGB auf GbR-Gesellschaftsverträge.[60] Ins Feld geführt werden hierfür mehrere Argumente. Zum einen habe die im Gesellschaftsvertrag der GbR enthaltene organschaftliche Vertretungsmacht ge-

59 So *Lautner,* MittBayNot 2010, 286, 290.

60 Dies im Grundsatz bejahend: *Wertenbruch,* ZIP 2010, 1884, 1886; *ders.,* WM 2003, 1785, 1788; *ders.,* DB 2003, 1099, 1101; *Kiehnle,* ZHR 174 (2010), 209, 226; *Lautner,* MittBayNot 2010, 286, 290; *ders.,* DNotZ 2009, 650, 661 f.; *ders.* MittBayNot 2005, 93, 96;

wisse Ähnlichkeiten mit einer rechtsgeschäftlichen Vertretungsmacht, weil sie zumindest mittelbar auf der Willensentscheidung der Gesellschafter beruht.[61] Zum anderen sei der Gesellschaftsvertrag als Rechtsscheinträger geeignet. Denn die GbR kann den Gesellschaftsvertrag den vertretungsberechtigten Gesellschaftern jeweils aushändigen, sodass die Gesellschafter ihn bei Vertragsschluss jeweils vorlegen können.[62] Schließlich wird oftmals auch auf eine Entscheidung des Senats für Landwirtschaftssachen des BGH verwiesen, der die Vorlage des Gesellschaftsvertrages einer GbR für ausreichend erachtete, damit die einseitige Erklärung eines alleinvertretungsbefugten Gesellschafters nicht nach § 174 BGB zurückgewiesen werden kann.[63] Dieses *obiter dictum* könnte dazu verleiten, auch einer analogen Anwendung des § 172 BGB das Wort zu reden, wenn der Gesellschaftsvertrag beim Grundstückserwerb durch eine GbR in Ausfertigung oder im Original vorgelegt wird.[64]

bb) Keine Regelungslücke oder vergleichbare Interessenlage

An den Voraussetzungen einer analogen Anwendung des § 172 BGB bestehen allerdings Zweifel.[65] Würde man bei der GbR eine Analogiebildung zulassen, müsste man dies konsequenterweise auch bei registerfähigen Gesellschaften tun. Bei Letzteren spricht § 32 GBO aber zumindest im Grundbuchverfahren gegen eine planwidrige Regelungslücke[66], was bei der GbR nicht völlig anders ist[67]. Denn bei der GbR hat sich der Gesetzgeber mit der Verabschiedung des § 899a BGB ganz bewusst gegen eine Registerlösung (und damit gegen § 32 GBO) entschieden, sodass eine vormals bestehende Regelungslücke seit dem ERVGBG keine Plan-

61 *Kiehnle,* ZHR 174 (2010), 209, 225.
62 Vgl. *Reymann,* ZNotP 2011, 84, 90.
63 BGH v. 9.11.2001 – LwZR 4/01 – NJW 2002, 1194, 1195.
64 Vgl. *Reymann,* ZfIR 2009, 81, 85.
65 Ebenfalls zweifelnd: *Hertel,* DNotZ 2009, 121, 129.
66 Vgl. *Schneider,* ZfIR 2010, 728, 729.
67 A. A. *Lautner,* DNotZ 2009, 650, 661 f.

widrigkeit mehr aufweisen dürfte. Darüber hinaus bestehen Bedenken gegen die Vergleichbarkeit eines Gesellschaftsvertrages mit einer Vollmachtsurkunde. Während mit einer Vollmachtsurkunde allein der Zweck verfolgt wird, dem Vertreter Rechtsmacht zu verleihen und ihm einen Legitimationsausweis zu verschaffen, werden mit dem Gesellschaftsvertrag in erster Linie gesellschaftsinterne Ziele verfolgt: Die Gesellschaft wird konstituiert und zugleich zum Zwecke ihrer Handlungsfähigkeit im Rechtsverkehr mit Vertretern und einer Vertretungsregelung ausgestattet.[68] Mit den Vertretungsregelungen im Gesellschaftsvertrag wird somit erst einmal nur die Basis dafür geschaffen, dass die Gesellschaft im Rechtsverkehr überhaupt tätig werden *kann,* eine Vertrauensbasis für Dritte soll damit aber noch nicht einhergehen.[69]

Dass der BGH dem Geschäftsführer einer GbR die Möglichkeit einräumt, durch Vorlage des Gesellschaftsvertrages die Nichtigkeit einer einseitigen Erklärung wegen unverzüglicher Zurückweisung nach § 174 BGB zu *verhindern*[70], bedeutet noch nicht, dass der Gesellschaftsvertrag auch als positiver Rechtsscheinträger im Sinne des § 172 BGB eingesetzt werden kann. Denn hier geht es nicht um das Verhindern eines Rechtsgeschäfts, sondern um das *Zustandekommen* eines Vertrages.[71] Ein derart positiver Vertrauensschutz ist üblicherweise qualifizierten Rechtsscheinträgern wie beispielsweise dem Grundbuch vorbehalten (§ 899a BGB).

Somit ist es im Ergebnis eher fernliegend, mit der Vorlage eines Gesellschaftsvertrages eine analoge Anwendung des § 172 BGB zu verbinden. Fordert man beim Grundstückserwerb durch eine GbR einen Richtigkeitsnachweis für ihre Existenz, lässt sich dieser anhand eines Gesellschaftsvertrages auf der Grundlage des § 172 BGB folglich nicht erbringen.[72]

68 *Zimmer,* MDR 2009, 237, 240; Vgl. *Heil,* NJW 2002, 2158, 2158.
69 *Zimmer,* MDR 2009, 237, 240; *ders.,* NZM 2009, 187, 189.
70 BGH v. 9.11.2001 – LwZR 4/01 – NJW 2002, 1194, 1195.
71 Eine Anwendung von § 172 BGB auf den Gesellschaftsvertrag ablehnend: OLG München v. 17.8.2010 – 34 Wx 98/10 – NZG 2010, 1263, 1265.
72 Im Ergebnis ebenso: OLG Hamm v. 2.11.2010 – I-15 W 440/10 – ZIP 2010, 2245, 2247.

d) Beweiskraft des Gesellschaftsvertrages in zeitlicher Hinsicht

Einige Literaturstimmen, die einen Richtigkeitsnachweis beim Erwerb durch eine GbR fordern, versuchen, den Beweiswert eines in der Form des § 29 Abs. 1 GBO abgefassten Gesellschaftsvertrages dadurch zu erhöhen, dass sie die zu § 32 GBO entwickelten Grundsätze zum Zeitablauf von Notarbescheinigungen nach § 21 BNotO auf ihn übertragen.[73]

aa) Übertragung des zeitlichen Rahmens zu § 32 GBO

Gemäß § 32 Abs. 1 S. 1 GBO können im Grundbuchverfahren das Bestehen und die Vertretung einer im Handels-, Genossenschafts-, Partnerschafts- oder Vereinsregister eingetragenen Gesellschaft durch eine Bescheinigung des Notars auf der Grundlage des § 21 Abs. 1 BNotO nachgewiesen werden. Dabei sprechen Rechtsprechung und herrschende Lehre Notarbescheinigungen selbst dann vollen Beweiswert zu, wenn zwischen der Registereinsicht einerseits und der Bescheinigung bzw. dem grundbuchrelevanten Rechtsgeschäft andererseits ein Zeitraum von ca. sechs Wochen liegt.[74] Bei dieser Frist handelt es sich um keinen starren Zeitraum. Vielmehr ist im Einzelfall maßgeblich, welcher Zeitablauf schädlich für den mit der Bescheinigung einhergehenden Anscheinsbeweis ist. Das KG Berlin hielt etwa in einem Fall sogar einen Zeitablauf von vier Monaten für unerheblich.[75] Aufbauend auf diesem Meinungsbild sprechen sich Stimmen in der Literatur dafür aus, auch bei dem Gesellschaftsvertrag einer Erwerber-GbR von einem entsprechenden Anscheinsbeweis auszugehen, vorausgesetzt der Gesellschaftsvertrag ist nicht älter als sechs Wochen.[76]

73 *Heinze,* RNotZ 2010, 289, 301 ff.; *ders.,* ZNotP 2010, 409, 413 f.; *Schöner/Stöber,* Grundbuchrecht, 14. Aufl. 2008, Rn. 3635.

74 Im Überblick: *Demharter,* GBO, 27. Aufl. 2010, § 32 Rn. 15; differenzierend: *Roth,* in: Meikel, 10. Aufl. 2009, § 32 Rn. 7.

75 KG Recht 1938, Nr. 1852; 2 Tage: KG v. 24.3.1938 – 1 Wx 94/38 – DNotZ 1938, 679, 679 ff.; drei Tage: KG Berlin v. 14.5.1900 – 276/00 – KGJ 20, 179, 179 ff.; 12 Tage: AG Langen v. 20.10.1981 – Urb. 4471/7 – Rpfleger 1982, 63, 63; drei Monate: LG Hamburg v. 17.10.1980 – 71 T 72/80 – Rpfleger 1981, 62, 62.

76 *Heinze,* ZNotP 2010, 409, 413 f.; so bereits: *Heinze,* RNotZ 2010, 289, 301 ff.

Gewähre § 32 GBO eine entsprechende Vermutung bei Bescheinigungen, bestehe kein Grund, sie beim Gesellschaftsvertrag als originärem Beweismittel nicht zuzulassen.

Dieser Ansatz überzeugt. Zwar ist der zu Registerzeugnissen bzw. Notarbescheinigungen entwickelte Anscheinsbeweis nicht unter Hinweis auf § 32 GBO verallgemeinerungsfähig, weil es sich bei dieser Norm um eine nicht analogiefähige Ausnahmevorschrift für registerfähige Gesellschaften handelt.[77] Die betreffende Zeitspanne dürfte jedoch allgemeiner Ausdruck der Beweisführung im Grundbuchrecht sein. Wird etwa eine öffentliche Urkunde errichtet, gibt sie auch nach einer bestimmten Zeit noch vollen Beweis für die Abgabe der in ihr enthaltenen Erklärungen bzw. für den in ihr bezeugten Inhalt. In dieser Hinsicht unterscheidet sich ein beurkundeter GbR-Vertrag in keiner Weise von einem beurkundeten Kaufvertrag oder beurkundeten OHG-Vertrag.[78] In formeller Hinsicht erbringen diese Urkunden vollen Beweis dafür, dass die Urkundsbeteiligten die beurkundeten Erklärungen abgegeben haben.[79] Welche Schlussfolgerungen daraus im Grundbuchverfahren zu ziehen sind, ist eine Frage der materiellen Beweiskraft, die mit zunehmendem Zeitablauf abnehmen kann.[80] Hierbei von einer Sechswochenfrist auszugehen, erscheint zumindest beim Existenz- und Vertretungsnachweis einer beteiligten Personengesellschaft vertretbar.[81]

Somit legen die allgemeinen Grundsätze der Beweisführung es nahe, dass ein beurkundeter Gesellschaftsvertrag während einer bestimmten Übergangszeit (z. B. sechs Wochen) im Grundbuchverfahren noch vollen Beweis für die Existenz und Vertretung einer Erwerber-GbR erbringt.

77 Andere Bedenken vorbringend: *Schneider,* ZfIR 2010, 728, 729.

78 *Heinze,* RNotZ 2010, 289, 302; *ders.,* ZNotP 2010, 409, 413 f.

79 *Ahrens,* in: Wieczorek/Schütze, ZPO, 3. Aufl. 2010, § 415 Rn. 28; *Geimer,* in: Zöller, ZPO, 28. Aufl. 2010, § 415 Rn. 5; *Leipold,* in: Stein/Jonas, ZPO, 22. Aufl. 2006, § 415 Rn. 23 f.; *Schreiber,* in: MünchKomm, ZPO, 3. Aufl. 2008, § 415 Rn. 26.

80 Zur materiellen Beweiskraft öffentlicher Urkunden: *Schreiber,* in: MünchKomm, ZPO, 3. Aufl. 2008, § 415 Rn. 27; *Ahrens,* in: Wieczorek/Schütze, ZPO, 3. Aufl. 2010, § 415 Rn. 31.

81 *Reymann,* ZNotP 2011, 84, 91.

bb) Ausführungen im BGH-Beschluss vom 4.12.2008

Jenseits der vorgenannten Zeitspanne wird die Möglichkeit, kontinuierlich Beweis mittels eines beurkundeten GbR-Gesellschaftsvertrages zu erbringen, teilweise aus den Ausführungen des V. Zivilsenats in seinem Beschluss vom 4.12.2008 abgeleitet. Im 3. Leitsatz dieser Entscheidung führte der V. Zivilsenat aus, dass der bloße Zeitablauf als Anhaltspunkt nicht genüge, um zusätzliche Nachweise neben einer Gerichtsentscheidung zu verlangen, aus deren Rubrum die Identität der GbR und die Vertretungsbefugnis des handelnden Gesellschafters hervorgeht.[82] Zusätzliche Nachweise – so der BGH – könnten grundsätzlich nur dann verlangt werden, wenn konkrete tatsächliche Anhaltspunkte dafür vorlägen, dass sich nach der Gerichtsentscheidung Veränderungen bei Namen, Gesellschafterbestand oder Vertretungsbefugnissen ergeben haben.[83]

In Tz. 25 der Entscheidung stellt der BGH dann darauf ab, dass sich eine Gerichtsentscheidung hinsichtlich der Möglichkeit nachträglicher Änderungen „nicht von anderen öffentlichen Urkunden [unterscheidet], ja nicht einmal von einem notariell beurkundeten Kaufvertrag, der ohne Kenntnis des GBA materiellrechtlich wirksam Veränderungen erfahren haben kann, oder der Bewilligung, der die nach § 873 BGB erforderliche Einigung im Einzelfall fehlen kann“.[84] Aus diesem Vergleich leitet der BGH ab, dass sich das Grundbuchamt ohne erneute Überprüfung an eine Gerichtsentscheidung zu halten habe.[85]

Richtigerweise sind die Ausführungen des BGH lediglich als Hinweis auf das Legalitätsprinzip zu verstehen. Einem notariell beurkundeten Gesellschaftsvertrag kann nämlich nicht unabhängig von jeglichem Zeitablauf die materielle Beweiskraft der Richtigkeit beigemessen werden. Dies würde allen Grundsätzen zur Beweiskraft öffentlicher Urkunden widersprechen. Ganz abgesehen davon

82 Vgl. *Böhringer,* NotBZ 2009, 86, 89; *Steffek,* ZIP 2009, 1445, 1451.
83 BGH v. 4.12.2008 – V ZB 74/08 – BGHZ 179, 102, 102.
84 BGH v. 4.12.2008 – V ZB 74/08 – BGHZ 179, 102, 114, Tz. 25.
85 Auf Tz. 25 ausdrücklich Bezug nehmend: *Hertel,* DNotZ 2009, 121, 126 f.; *Miras,* GWR 2009, 78, 79.

betraf der Fall des Bundesgerichtshofs eine Sonderkonstellation. Es sollte nämlich eine Zwangssicherungshypothek gemäß § 876 Abs. 1 ZPO im Grundbuch eingetragen werden und Grundlage dieser Eintragung war ein Vollstreckungsbescheid.

4. Eidesstattliche Versicherungen als Nachweissurrogat

Zum Teil wird beim Grundstückerwerb durch eine GbR vorgeschlagen, dem Gesellschaftsvertrag eidesstattliche Versicherungen beizufügen, um positiv Nachweis zu erbringen, dass die in der Erwerbsurkunde bezeichnete Alt-GbR existiert und von den handelnden Personen wirksam vertreten worden ist.[86] Diesen Ansatz vertritt etwa der 10. Senat des OLG Nürnberg.[87] Teilweise werden eidesstattliche Versicherungen auch isoliert als Nachweismittel in Betracht gezogen.[88]

Dem steht jedoch entgegen, dass eidesstattliche Versicherungen zur Behebung von Nachweisdefiziten in der Grundbuchordnung nicht generell vorgesehen sind. Die einzigen Fälle im Grundbuchverfahrensrecht, die eine Nachweisführung durch eidesstattliche Versicherung gestatten, betreffen § 35 Abs. 3 S. 2 GBO, § 18 Abs. 1 S. 2 Hs. 2 GBMaßnG.[89] Die Rechtsprechung ist zwar teilweise dazu übergegangen, eidesstattliche Versicherungen als Nachweissurrogat auch in anderen Fällen ausreichen zu lassen, insbesondere in Ergänzung eines öffentlichen Testaments oder Erbvertrages bei der Grundbuchberichtigung (§§ 22, 35 Abs. 1 S. 2 GBO).[90] Diese *praeter legem*-Praxis wird typischerweise jedoch auf solche Konstellationen beschränkt, in denen auch das Nachlassgericht eidesstattliche Versicherungen der Erbscheinserteilung kraft § 2356 Abs. 2 BGB ohne Weiteres zugrunde legen könnte.

86 OLG Nürnberg v. 8.4.2010 – 10 W 277/10 – ZIP 2010, 1344, 1344; *Krauß,* notar 2010, 360, 363; *Heinze,* RNotZ 2010, 289, 304.

87 OLG Nürnberg v. 8.4.2010 – 10 W 277/10 – Rpfleger 2010, 576, 576 f.

88 LG v. 15.5.2009 – 5 T 99/09 – NJOZ 2010, 1054, 1054; siehe hierzu auch die Anmerkung in NJW-Spezial 2009, 466, 466.

89 OLG Oldenburg v. 19.7.2010 – 12 W 133/10 – ZfIR 2010, 726, 728.

90 Im Überlick: *Hertel,* in: Meikel, GBO, 10. Aufl. 2009, § 29 Rn. 448 ff.; *Schöner/Stöber,* Grundbuchrecht, 14. Aufl. 2008, Rn. 790.

Auf den Grundstückserwerb durch eine GbR sind diese Fälle nicht übertragbar. Zum einen kann hier § 2356 Abs. 2 BGB als Argumentationsstütze nicht dienen, wonach zumindest der Notar (wenn auch nicht das Grundbuchamt) zur Abnahme der Versicherung an Eides Statt zuständig ist. Zum anderen geht es in der Grundstückserwerbssituation bei der GbR um den Nachweis positiver Tatsachen (Existenz, Identität und Vertretung) und nicht nur um das Ausräumen von Zweifeln oder das Versichern negativer Umstände. Würde man in diesen Fällen eidesstattliche Versicherungen zulassen, würde man den Grundsatz der Beweismittelbeschränkung durch Freibeweiselemente erodieren bzw. einer Entwicklung Tür und Tor öffnen, in vergleichbaren Fällen in immer weitergehendem Umfang die Richtigkeitsgewähr des Urkundsbeweises zu umgehen.[91] Selbst als Urkundsbeweis können eidesstattliche Versicherungen nicht in das Grundbuchverfahren eingeführt werden. Denn auch insofern dürften sie nur unter der Voraussetzung einen verwertbaren Aussagegehalt hervorrufen, dass sie nach §§ 156, 161 StGB strafbewährt sind. Dies ist bei der Versicherung der Gesellschafter einer Alt-GbR im Grundbuchverfahren aber nicht der Fall. Denn dem Grundbuchamt fehlt insofern unabhängig von der Aufnahmezuständigkeit des Notars die Abnahmezuständigkeit bezüglich der betreffenden Versicherung.[92]

Somit dürften eidesstattliche Versicherungen der handelnden Gesellschafter im Ergebnis nicht weiterhelfen.

5. Fazit zum derzeitigen Meinungsstand

Zum derzeitigen Meinungsstand möchte ich folgendes Zwischenfazit ziehen:

91 OLG Köln v. 20.12.2010 – 2 Wx 118/10 – juris-Datenbank, Tz. 27; OLG Köln v. 29.11.2010 – I-2 Wx 26/10, 2 Wx 26/10 – juris-Datenbank, Tz. 37; OLG Köln v. 29.11.2010 – 2 Wx 85/10; siehe auch: OLG Frankfurt v. 17.8.1987 – 20 W 262/87 – NJW-RR 1988, 225, 225.

92 BGH v. 22.1.1953 – 4 StR 548/52 – NJW 1953, 994, 994 f.; OLG Saarbrücken v. 26.2.2010 – 5 W 371/09-134 – ZfIR 2010, 329, 332.

Beim Grundstückserwerb durch eine GbR wird momentan fast einhellig wegen §§ 20, 29 GBO ein Richtigkeitsbeweis bezüglich der Existenz, der Identität und der Vertretung der GbR für erforderlich gehalten. Die durch das ERVGBG eingefügte Sondernorm des § 47 Abs. 2 S. 1 GBO bleibt dabei unbeachtet. Unter dieser Prämisse ist es konsequent, mit dem OLG München eine Gründung in der Erwerbsurkunde zu fordern.

Dem ebenfalls vertretenen Bestätigungsmodell fehlt es an einer dogmatisch schlüssigen Begründung, weil insbesondere der Vergleich mit einer Vollmachtsbestätigung nicht überzeugt. Gesellschaftsverträge in öffentlicher Urkunde sind grundsätzlich zwar nachweistauglich, wenn sie die Zeitspanne von ca. sechs Wochen nicht überschreiten. Jenseits dieser Zeitspanne scheidet ein Beweis durch Vorlage des Gesellschaftsvertrages aber aus.

III. Vergleichsbetrachtung und Wechselwirkungsgedanke

Der strenge Ansatz des OLG München wirft die Frage auf, warum die Rechtsprechung in der Vergangenheit nicht schon bei anderen nicht registerfähigen Personenvereinigungen die Gründung in der Erwerbsurkunde vorausgesetzt hat. Dem möchte ich nachfolgend anhand einer Vergleichsbetrachtung zu ausländischen Gesellschaften, Stiftungen und zur Vor-GmbH kurz nachgehen.

1. Ausländische Gesellschaft, Stiftung und Vor-GmbH

Erwirbt eine ausländische Gesellschaft Grundeigentum, werden im Rahmen der §§ 20, 29 GBO in verschiedener Hinsicht Nachweiserleichterungen zugelassen. Zum einen betrifft dies den Nachweis der Grundbuchfähigkeit der ausländischen Gesellschaft, die nur dann gegeben ist, wenn die Gesellschaft nach dem für sie anwendbaren Gesellschaftsrecht rechtsfähig ist.[93] Sofern die Sitztheorie Anwendung findet, wird hier auf den Erfahrungssatz zurückgegriffen, dass

93 *Hertel,* in: Meikel, GBO, 10. Aufl. 2009, Einl L Rn. 73.

die Gesellschaft ihren Verwaltungssitz in dem Staat hat, nach dessen Recht sie gegründet worden ist.[94] Darüber hinaus erlauben Rechtsprechung und herrschende Lehre auch bei der Nachweisführung im Einzelnen Erleichterungen. Obwohl ausländische Registerauszüge hinter der qualifizierten Beweiswirkung des deutschen § 891 Abs. 1 BGB zurückbleiben, werden Registerauszüge oder -bescheinigungen aus den meisten Ländern des *civil law system* zugelassen.[95] Zudem werden bei Gesellschaften aus *common law*-Staaten, die ein Handelsregister kontinentaleuropäischer Prägung nicht kennen, eine Reihe anderweitiger Bescheinigungen für ausreichend erachtet (*certificate of incorporation,* Bescheinigung des *company secretary* mit Unterschriftsbeglaubigung, *Affidavit, Acknowledgment* etc.).[96] Viele dieser Schriftstücke erfüllen nicht die Anforderungen, die an eine öffentliche Urkunde im Sinne der §§ 415, 418 ZPO zu stellen sind.[97] Dem deutschen Grundbuch wird jedoch gestattet, sich mit den verfügbaren Nachweisen zufrieden zu geben. Ein Nachweis, der nach dem Heimatrecht der Gesellschaft nicht möglich sei, könne auch nach deutschem Verfahrensrecht nicht verlangt werden.[98]

Weniger strenge Anforderungen als bei der GbR werden auch dem Grundstückerwerb durch eine Stiftung bürgerlichen Rechts zugrunde gelegt. Wie bei der GbR gibt es auch hier kein mit einem öffentlichen Glauben ausgestattetes Register. Die Nachweiserleichterung besteht bei Stiftungen konkret darin, dass die Vertretungsberechtigung nicht nur durch eine Vertretungsbescheinigung der Stiftungsaufsichtsbehörde geführt werden kann, sondern auch durch die Vorlage des Stiftungsgeschäfts bzw. der Stiftungssatzung in der Form des § 29 Abs. 1 GBO.[99] Anders als das OLG München, das bei der GbR die Gründung in der Erwerbsurkunde verlangt, wird

94 OLG Hamm v. 18.8.1994 – 15 W 209/94 – Rpfleger 1995, 153, 154 f.; *Hertel,* in: Meikel, GBO, 10. Aufl. 2009, Einl L Rn. 90.

95 *Hertel,* in: Meikel, GBO, 10. Aufl. 2009, Einl L Rn. 80.

96 *Hertel,* in: Meikel, GBO, 10. Aufl. 2009, Einl L Rn. 81 f.

97 *Heinze,* ZNotP 2010, 409, 416 f.

98 *Hertel,* in: Meikel, GBO, 10. Aufl. 2009, Einl L Rn. 82.

99 Gutachten, DNotI-Report 2002, 27, 29; *Schaub,* in: Bauer/von Oefele, GBO, 2. Aufl. 2006, AT VII Rn. 297.

bei der Stiftung die ggf. fehlende Aktualität der vorgelegten Unterlagen nicht weiter problematisiert.[100]

Ähnlich ist dies bei der Vor-GmbH. Auch hier muss das Grundbuchamt natürlich gemäß § 20 GBO den Nachweis der Auflassung prüfen. Dies umfasst neben der Einigung auch die Rechtsfähigkeit der Vor-GmbH und die Vertretungsmacht der für sie Handelnden.[101] Als Nachweis im Sinne des § 29 Abs. 1 GBO genügen nach hergebrachter Ansicht neben dem Gründungsvertrag Nachweise zur Handelsregisteranmeldung und zur ausreichenden Vertretung.[102] Von der Gründung der Vor-GmbH in der notariellen Erwerbsurkunde macht die h. M. die Nachweisführung gegenüber dem Grundbuchamt – anders als bei der GbR – aber gerade nicht abhängig.[103]

2. § 899a BGB als Sachgrund strengerer Anforderungen bei der GbR

Fordert man beim Erwerb durch eine GbR ebenfalls einen Richtigkeitsnachweis bezüglich der Existenz und der Vertretung der Gesellschaft, stellt sich unweigerlich die Frage, warum die Nachweisanforderungen durch das OLG München deutlich über das hinausgehen, was herkömmlich bei anderen nicht registerfähigen Personenvereinigungen gefordert wird.

Eine Erklärung hierfür könnte § 899a BGB bieten. Von einer Vor-GmbH oder ausländischen Gesellschaft unterscheidet sich die GbR seit dem ERVGBG nämlich dadurch, dass der Erwerber auf die Vertretungsmacht der im Grundbuch eingetragenen Gesellschafter vertrauen darf. Dieser Gutglaubensschutz dürfte sich auch auf die (Fort-) Existenz der GbR beziehen.[104] Im Gegensatz dazu

100 Vgl. *Hüttemann/Rawert,* in: Staudinger, BGB, Neubearb. 2010, § 86 Rn. 7 ff.

101 *Böttcher,* in: Meikel, GBO, 10. Aufl. 2009, Einl F Rn. 55.

102 *Böttcher,* in: Meikel, GBO, 10. Aufl. 2009, Einl F Rn. 55; *Böhringer,* in: Meikel, GBO, 10. Aufl. 2009, § 47 Rn. 90; *Kral,* in: Hügel, GBO, 2. Aufl. 2011, Gesellschaftsrecht Rn. 20; *Heinze,* ZNotP 2010, 409, 416.

103 Vgl. auch: *Schöner/Stöber,* Grundbuchrecht, 14. Aufl. 2008, Rn. 987,

104 *Wertenbruch,* ZIP 2010, 1884, 1885; *Rebhan,* NotBZ 2009, 445, 447; *Toussaint,* in: jurisPK, BGB, 4. Aufl. 2008, § 899a Rn. 23; *Ruhwinkel,* MittBayNot 2009, 421, 422;

erfährt der Erwerber bei allen sonstigen, nicht registerfähigen Personenvereinigungen keinen Gutglaubensschutz. Denn weder § 899a BGB noch § 892 BGB gewähren hinsichtlich der Rechtspersönlichkeit oder Vertretung einer im Grundbuch eingetragenen sonstigen Gesellschaft Gutglaubensschutz.[105] Die besondere Qualität, welche die Eintragung von GbR-Gesellschaftern im Grundbuch einnimmt, könnte somit Grund dafür sein, dass das Grundbuchamt beim Erwerb durch eine GbR die Eintragungsunterlagen qualifiziert prüft. Man könnte es mit einer Art „Wechselwirkung" zwischen dem Rechtsscheingehalt nach der Eintragung und dem Prüfungsumfang vor der Eintragung zu tun haben. Bei der GbR wiegt dieser Wechselwirkungsgedanke umso schwerer, als die Eintragungen der Gesellschafter auch in schuldrechtlicher Hinsicht Rechtsscheinträger sein könnten.[106]

Böttcher, ZfIR 2009, 613, 623; *Lautner,* DNotZ 2009, 650, 667; *Wicke,* GWR 2009, 336, 337 f.; *Böhringer,* Rpfleger 2009, 537, 541; *Krauß,* Immobilienkaufverträge in der Praxis, 5. Aufl. 2010, Rn. 326; *Heßeler/Kleinhenz,* WM 2010, 446, 448; *Heinze,* RNotZ 2010, 289, 295 f.; *ders.,* ZfIR 2010, 713, 713 ff.; *Miras,* DStR 2010, 604, 606; *Reymann,* FS Reuter, 2010, S. 271, S. 277; dementsprechend bereits die Begründung des BT-Rechtsausschusses: BT-Drucks. 16/13437, S. 27, li. Sp. oben; a. A.: *Krüger,* NZG 2010, 801, 805: *Steffek,* ZIP 2009, 1445, 1456; *Bestelmeyer,* Rpfleger 2010, 169, 174; *Toussaint,* in: jurisPK, 5. Aufl. 2010, § 899a Rn. 18, 31; zweifelnd: *Bassenge,* in: Palandt, 70. Aufl. 2011, § 899a Rn. 7.

105 OLG Frankfurt v. 24.06.2003 – 20 W 274/02 – ZfIR 2005, 254, 255; OLG Frankfurt v. 04.09.1996 – 20 W 299/96 – Rpfleger 1997, 105, 106; KG Berlin v. 19.09.1929 – 1 X 447/29 – HRR 1929 Nr. 1996; BayObLG v. 04.07.1916 – Reg. III Nr. 27/1916 – BayObLGZ 1916, 161, 162; *Gursky,* in: Staudinger, BGB, Neubearb. 2008, § 891 Rn. 41; *Böttcher,* in: Meikel, GBO, 10. Aufl. 2009, Einl H Rn. 52; *Augustin,* in: RGRK, BGB, 12. Aufl. 1979, § 891 Rn. 31; *Toussaint,* in: jurisPK, BGB, 4. Aufl. 2008; *Stürner,* in: Soergel, BGB, 13. Aufl. 2002, § 891 Rn. 9; *Krause,* in: NomosK, BGB, 2. Aufl. 2008, § 891 Rn. 22 *A. Lorenz,* in: Erman, BGB, 12. Aufl. 2008, § 891 Rn. 13; *Bassenge,* in: Palandt, BGB, 68. Aufl. 2009, § 891 Rn. 5; *Schöner/Stöber,* Grundbuchrecht, 14. Aufl. 2008, Rn. 346; *Ruhwinkel,* MittBayNot 2007, 92, 95; *Lautner,* MittBayNot 2005, 93, 94; a. A. noch: *Seufert,* in: Staudinger, BGB, 11. Aufl. 1956, § 891 Rn. 18; *Pritsch,* in: RGRK, BGB, 11. Aufl. 1959, § 891 Anm. 33; implizit: OLG München v. 24.05.1910 – IV ZS. – OLGE 26, 73, 73 f.

106 *Albers,* ZfIR 2010, 705, 710 ff.; *Böttcher,* ZNotP 2010, 173, 174 f.; *Reymann,* FS Reuter, 2010, S. 271, S. 281 ff.; für eine Einbeziehung des schuldrechtlichen Kausalgeschäfts: *Wertenbruch,* ZIP 2010, 1884, 1886; *Martinek,* in: Staudinger, Eckpfeiler des Zivilrechts, A BGB aktuell 2010/2011, Rn. 54; *Miras,* DStR 2010, 604, 607; *Lautner,* DNotZ 2009, 650, 671 f.; *Heßeler/Kleinhenz,* WM 2010, 446, 449; für eine analoge Anwendung des § 899a BGB auf das schuldrechtliche Kausalgeschäft: *Ruhwinkel,* MittBayNot 2009, 421, 423; *Heinze,* RNotZ 2010, 289, 297; gegen eine Anwendung auf das schuldrechtliche Kausalgeschäft: *Krüger,* NZG 2010, 801, 805 f.; *Bestelmeyer,* Rpfleger 2010, 169, 175 f.;

Grundsätzlich wäre es zwar logisch, wenn zwischen der Eignung des Grundbuchs, Rechtsscheinträger für einen Gutglaubenserwerb zu sein, und dem Prüfungsauftrag des Rechtspflegers im Rahmen des § 20 GBO eine innere Verbindung bestünde. Damit diesem Wechselwirkungsgedanken aber prinzipielle Bedeutung zukommen könnte, müsste er sich auch in anderen Fällen in der Grundbuchpraxis und Lehre kraft der ihm innewohnenden Überzeugungskraft im allgemeinen Rechtsbewusstsein durchgesetzt haben.[107]

Die Rechtsprechung hat den Gedanken einer Wechselwirkung zwischen der Qualität der Publizitätswirkungen einer Eintragung und dem Prüfungsmaßstab bei der Eintragung bislang nicht aufgegriffen. Demnach könnte dieser Gedanke allenfalls dem Sinnzusammenhang der gesetzlichen Regelungen und der Systematik des Gesetzes im Wege einer induktiven Betrachtung entnommen werden. Letzteres ist jedoch nicht der Fall. Der Nachweis der Einigung gemäß § 20 GBO dient grundsätzlich zwar dazu, keinen falschen Berechtigten einzutragen.[108] Auf dieser Erwägung baut der öffentliche Glaube des Grundbuchs auf, kraft dessen ein Zweiterwerber bezüglich der Person des eingetragenen Berechtigten „vollen" Gutglaubensschutz genießt (§§ 892 ff. BGB). Das vermeintliche Prinzip der Wechselwirkung wird jedoch bereits brüchig, wenn zugunsten einer GbR ein Grundpfandrecht in Anwendung des § 19 GBO bestellt wird.[109] Obwohl in diesem Fall Existenz, Identität und Vertretung der GbR bei der Eintragung infolge des § 19 GBO nicht positiv zu beweisen sind, kann ein Zweiterwerber von der GbR das Grundpfandrecht gutgläubig erwerben (§§ 899a, 892 BGB). Gegenüber dem Grundbuchamt rufen Eintragungen zu einer GbR unabhängig davon die Vermutungswirkung des § 899a BGB hervor, ob sie auf Grund Bewilligung (§ 19 GBO) oder auf Grund nachgewiesener Auflassung (§ 20 GBO) erfolgt sind. Darüber hinaus sind Eintragungen auf der Grundlage des § 19 GBO auch wegbereitend

Bassenge, in: Palandt, BGB, 70. Aufl. 2011, § 899a Rn. 6; *Toussaint,* in: jurisPK, 5. Aufl. 2010, § 899a Rn. 28.

107 *Larenz,* Methodenlehre der Rechtswissenschaft, 6. Aufl. 1991, 6. Kap. Ziff. 3. a) S. 474.

108 *Hügel,* in: Hügel, GBO, 2. Aufl. 2011, § 20 Rn. 1; *Böttcher,* in: Meikel, GBO, 10. Aufl. 2009, § 20 Rn. 1.

109 Siehe hierzu: *Böttcher,* AnwBl 2011, 1, 4.

für einen gutgläubigen lastenfreien Erwerb, wenn man nur an Löschungseintragungen denkt, die von einer GbR mit der Vermutungswirkung des § 899a BGB abgegeben werden.

IV. Nachweiserleichterungen durch § 899a BGB

Zu einer qualifizierten Prüfung im Eintragungsverfahren verpflichtet § 899a BGB also nicht. Ganz im Gegenteil: Aus § 899a BGB könnte sich beim Grundstückserwerb durch eine Alt-GbR sogar eine Nachweiserleichterung ergeben, wenn die Erwerber-GbR bereits anderweitig – insbesondere als Vormerkungsberechtigte – im Grundbuch eingetragen ist. So naheliegend dieser Gedanke ist, so deutlich steht ihm der Wortlaut des § 899a BGB entgegen. Nach seinem Wortlaut ist § 899a BGB auf das „eingetragene Recht" beschränkt. Ein Quasi-Register für Immobilien-Gesellschaften wollte der Gesetzgeber gerade nicht in das Grundbuch implementieren, sondern vielmehr eine Gutglaubens- und Rechtsscheinnorm *sui generis* hervorbringen.[110] Damit kann aus der Eintragung einer Erwerber-GbR an einem anderen Grundstück selbst dann keine Vermutung im Rahmen des § 20 GBO abgeleitet werden, wenn die Übereinstimmungen zwischen Erwerber-GbR und bereits eingetragener GbR augenscheinlich sind.[111] Nichts anderes ergibt sich aus einer bereits eingetragenen Vormerkung.[112] Zwar sichert die Vormerkung genau denjenigen schuldrechtlichen Anspruch auf dingliche Rechtsänderung, der mit der Eigentumsumschreibung erfüllt werden soll, sodass im Gegensatz zu sonstigen bereits eingetragenen Rechten ein ganz enger Zusammenhang zwischen Vormerkung und Eigentumsumschreibung besteht. Das Grundbuchamt prüft jedoch weder die Berechtigung der erwerbenden GbR als Inhaberin

110 BT-Drucks. 16/13437, S. 24, re. Sp. oben, S. 26 re. Sp. Mitte, S. 27 re. Sp. oben; siehe auch: *Krüger,* NZG 2010, 801, 804: „Ein bisschen Register, ein bisschen Gutglaubensschutz".

111 OLG Schleswig v. 9.12.2009 – 2 W 168/09 – DNotZ 2010, 296, 298; *Rebhan,* NotBZ 2009, 445, 450; *Krauß,* notar 2010, 360, 362.

112 OLG Brandenburg v. 7.10.2010 – 5 Wx 77/10 – NotBZ 2010, 459, 460; OLG München v. 17.8.2010 – 34 Wx 98/10 – NZG 2010, 1263, 1263; OLG München v. 20.7.2010 – 34 Wx 63/10 – NZG 2010, 1065, 1065; *Bestelmeyer,* Rpfleger 2010, 169, 178.

des schuldrechtlichen Anspruchs noch die Zugehörigkeit des vormerkungsgesicherten schuldrechtlichen Anspruchs zum einzutragenden Eigentumserwerb. Somit folgt im Ergebnis aus § 899a BGB keine Nachweiserleichterung beim Grundstückerwerb durch eine GbR.

V. Auswirkungen des § 47 GBO auf den Nachweis der Einigung

Nachweisbesonderheiten könnten sich allerdings aus § 47 Abs. 2 GBO ergeben. Erwirbt eine GbR Eigentum, gibt § 47 Abs. 2 S. 1 GBO seit Inkrafttreten des ERVGBG vor, dass neben der Gesellschaft zwingend alle Gesellschafter im Grundbuch einzutragen sind. Die Eintragung der Gesellschafter entsprach bis zur Anerkennung der Rechts- und Grundbuchfähigkeit der GbR durch den BGH ständiger Praxis. Allerdings wurde damals von der überwiegenden Meinung vertreten, dass auf den Erwerb durch eine GbR der § 47 GBO a. F. – also der heutige § 47 Abs. 1 GBO – Anwendung findet, sodass die Gesellschafter „in Gesellschaft bürgerlichen Rechts" als Eigentümer eingetragen wurden.[113] Mit der Anerkennung der Grundbuchfähigkeit der GbR war ein Rückgriff auf § 47 Abs. 1 GBO ausgeschlossen. Denn ab diesem Zeitpunkt wurden nicht mehr die Gesellschafter als Berechtigte im Grundbuch vermerkt. Erst ca. 8 Monate später führte das Inkrafttreten des ERVGBG zu einem weiteren Paradigmenwechsel. Seitdem sieht § 47 Abs. 2 S. 1 GBO vor, dass die GbR nur dann im Grundbuch eingetragen werden kann, wenn auch ihre Gesellschafter im Grundbuch vermerkt werden. Sind die Nachweisgrundsätze zum vormaligen § 47 GBO a. F. vor diesem Hintergrund möglicherweise auf § 47 Abs. 2 S. 1 GBO übertragbar?

113 So etwa: *Böhringer,* in: Meikel, GBO, 10. Aufl. 2009, § 47 Rn. 203 ff.

1. Bedeutung des § 47 Abs. 1 GBO für die Auflassung

Systematisch und dem Wortlaut nach handelt es sich bei § 47 Abs. 1 GBO um eine Vorschrift, die nur die Eintragung im Grundbuch betrifft. Nach einhelliger Meinung bestimmt § 47 Abs. 1 GBO aber zumindest mittelbar auch den Inhalt der Eintragungserklärungen, wenn ein Recht für mehrere Berechtigte gemeinschaftlich eingetragen wird. Denn das Grundbuchamt kann die Eintragung nur dann dem § 47 Abs. 1 GBO entsprechend tätigen, wenn die Beteiligten diesbezügliche Angaben in der Auflassung bzw. in der Eintragungsbewilligung machen.[114] Erwerben mehrere Berechtigte ein Grundstück, müssen sie erklären, ob sie das Eigentum in Bruchteilsgemeinschaft, in Gesamthandsgemeinschaft oder als Gesamtberechtigte (§ 428 BGB) bzw. als Mitberechtigte (§ 432 BGB) erwerben. Dieses Erfordernis ist eine Ausprägung des grundbuchrechtlichen Bestimmtheitsgrundsatzes.[115] Durch die Offenlegung des Gemeinschaftsverhältnisses im Grundbuch soll insbesondere die Verfügungsbefugnis verlautbart werden, die bei mehreren Bruchteilsberechtigten anders ist als bei mehreren Gesamthandsberechtigten.[116]

Fehlt die Angabe des Gemeinschaftsverhältnisses bzw. ist sie unrichtig, macht dies die Auflassungserklärung nicht irreversibel unwirksam. Denn für den Veräußerer ist es oftmals von geringerem Interesse, ob er an mehrere Beteiligte Bruchteils- oder Gesamthandseigentum überträgt. Genauso gleichgültig ist es ihm üblicherweise, ob er an eine Person allein veräußert oder ob der Ehegatte der betreffenden Person wegen einer bestehenden Gütergemeinschaft notwendig miterwirbt. Ob allerdings in der Auflas-

114 BayObLG v. 12.6.1975 – BReg. 2 Z 42/75 – DNotZ 1976, 174, 174 f.; BayObLG v. 12.7.1955 BReg. 2 Z 16, 20 u. 21/1955 – BayObLGZ 1955, 155, 157; OLG Düsseldorf v. 11.10.1978 – 3 W 141/78 – DNotZ 1979, 219, 220 f.; OLG München v. 10.5.1939 – 8 Wx 165/39 – DNotZ 1939, 656, 656; *Demharter,* GBO, 27. Aufl. 2010, § 47 Rn. 13; *Güthe-Triebel,* GBO, 6. Aufl. 1936, Bd. I, § 47 Rn. 12.

115 *Ulmer/Steffek,* NJW 2002, 330, 333 f.; *Böhringer,* in: Meikel, GBO, 10. Aufl. 2009, § 47 Rn. 1; *Reetz,* in: Hügel, GBO, 2. Aufl. 2011, § 47 Rn. 1.

116 *Hahn/Mugdan,* Die gesamten Materialien zu den Reichs-Justizgesetzen, Bd. 5, 1897, S. 167 f.; *Amann,* FS für Hagen, 1999, S. 75, S. 83 f.; *Böhringer,* in: Meikel, GBO, 10. Aufl. 2009, § 47 Rn. 1; *Reetz,* in: Hügel, GBO, 2. Aufl. 2011, § 47 Rn. 1.

sung an mehrere Erwerber eine konkludente Einwilligung des Veräußerers gesehen werden kann, die Auflassung um das Erwerberverhältnis zu ergänzen, hängt von den Umständen des Einzelfalls ab.[117] Haben die Beteiligten in der Auflassung das Gemeinschaftsverhältnis unrichtig wiedergegeben, lässt die Rechtsprechung teilweise großzügige Korrekturen über Auslegung und Umdeutung zu.[118]

Besonders interessant ist aus dem Blickwinkel des § 47 Abs. 2 S. 1 GBO die Nachweisführung im Rahmen des § 47 Abs. 1 GBO. Bemerkenswert ist nämlich, dass das Grundbuchamt die Richtigkeit der in der Auflassung über das Gemeinschaftsverhältnis gemachten Angaben nicht überprüft.[119] Es hat keine Ermittlungspflicht und muss beispielsweise das von den Parteien angegebene Güterrecht nicht erforschen.[120] Erwirbt ein Ehegatte Alleineigentum, hat sich das Grundbuchamt demnach nicht in der Form des § 29 Abs. 1 GBO davon zu überzeugen, dass das zu erwerbende Grundstück nicht in das Gesamtgut einer bestehenden Gütergemeinschaft fällt.[121] Vorstehendes gilt entsprechend, wenn Ehegatten zu jeweils hälftigem Miteigentum erwerben.[122] Leben Ehegatten in Gütergemeinschaft, haben sie nicht die Richtigkeit dieses Gemeinschaftsverhältnisses in öffentlicher Urkunde nachzuweisen.[123] Etwas anderes gilt nur dann, wenn das Grundbuchamt auf Grund feststehender Tatsachen von der Unrichtigkeit der Angaben überzeugt ist. Ist dem Grundbuchamt bekannt, dass die Angaben zu § 47 Abs. 1 GBO unrichtig sind, kann es einen Wahrheitsnachweis verlangen.[124]

117 OLG Köln v. 22.8.1979 – 2 Wx 67/79 – Rpfleger 1980, 16, 17; LG Düsseldorf v. 26.5.1976 – 28 T 143/76 – Rpfleger 1977, 24, 24; LG Lüneburg v. 29.11.1993 – 4 T 205/93 – Rpfleger 1994, 206, 206; *Schöner/Stöber,* Grundbuchrecht, 14. Aufl. 2008, Rn. 3312.

118 Vgl. BGH v. 10.12.1981 – V ZB 12/81 – BGHZ 82, 346, 352 f.; zur Auslegung: BayObLG v. 12.7.1955 – BReg. 2 Z 42/75 – DNotZ 1976, 174, 174 f.; zur Umdeutung: BayObLG v. 5.5.1983 – BReg. 2 Z 13, 14/83 – BayObLGZ 1983, 118, 122.

119 *Böhringer,* in: Meikel, GBO, 10. Aufl. 2009, § 47 Rn. 261.

120 BayObLG v. 17.4.1986 – BReg. 2 Z 1/86 – NJW-RR 1986, 893, 893.

121 OLG München v. 16.2.2009 – 34 Wx 095/08 – DNotZ 2009, 683, 683.

122 OLG München v. 16.2.2009 – 34 Wx 095/08 – DNotZ 2009, 683, 683.

123 *Demharter,* GBO, 27. Aufl. 2010, § 33 Rn. 25.

124 Vgl. BayObLG v. 17.4.1986 – BReg. 2 Z 1/86 – NJW-RR 1986, 893, 893.

Der beschränkten Nachweis- und Prüfungspflicht liegt als Wertung zugrunde, dass dem Grundbuchamt keine allgemeine Rechtsfürsorge für die materielle Richtigkeit der im Grundbuch ausgewiesenen Rechtsverhältnisse obliegt. In ihr wird andererseits auch sinnbildlich, dass weder die Beteiligten noch der Rechtsverkehr ein Interesse an der Richtigkeitsprüfung der von den Erwerbern gemachten Angaben haben.[125] Etwas anderes gilt nur dann, wenn Anhaltspunkte dafür bestehen, dass das Grundbuch durch die Angaben der Beteiligten unrichtig würde.[126] In diesem Fall ist das Grundbuchamt berechtigt und verpflichtet, eine sachliche Prüfung des Gemeinschaftsverhältnisses vornehmen. Bloße Zweifel eröffnen diese Prüfungskompetenz aber noch nicht. Kurzum: Nur in den Grenzen des Legalitätsprinzips ist eine (Richtigkeits-) Überprüfung möglich.

Das fehlende Erfordernis, einen Richtigkeitsnachweis zu führen, ist Ausdruck der besonderen Stellung des § 47 Abs. 1 GBO im Normzusammenhang der Grundbuchordnung. Die eingeschränkte Prüfungsbefugnis des Grundbuchamts korrespondiert in gewisser Weise damit, dass sich § 47 Abs. 1 GBO nur reflexmäßig auf die Auflassung auswirkt. Hätte der Gesetzgeber einen Nachweis des Gemeinschaftsverhältnisses in öffentlicher Urkunde gewollt, hätte er dies in den §§ 19 bis 27 GBO regeln müssen. Da er § 47 Abs. 1 GBO aber als Eintragungsnorm konzipierte, ist für die Richtigkeit des Gemeinschaftsverhältnisses kein Urkundsbeweis im Sinne des § 29 GBO zu führen. Das Gemeinschaftsverhältnis ist insbesondere keine „andere Voraussetzung der Eintragung" im Sinne des § 29 Abs. 1 S. 2 GBO. Es ist lediglich als Bestandteil der nachzuweisenden Auflassung anzugeben, muss in diesem Zusammenhang also (mit) erklärt werden. Gemeinsam mit der Auflassung sind die Angaben zum Gemeinschaftsverhältnis notariell zu beurkunden.[127]

125 *Böhringer,* in: Meikel, GBO, 10. Aufl. 2009, § 47 Rn. 261. OLG Karlsruhe v. 4.11.1993 – 11 Wx 61/63 – Rpfleger 1994, 248, 248; OLG Schleswig v. 19.8.2009 – 2 W 82/09 – FGPrax 2010, 19, 19; vgl. auch: *Güthe-Triebel,* GBO, 6. Aufl. 1936, Bd. I, § 47 Rn. 12.

126 OLG Schleswig v. 19.8.2009 – 2 W 82/09 – FGPrax 2010, 19, 19; OLG München v. 16.2.2009 – 34 Wx 095/08 – DNotZ 2009, 683, 683.

127 OLG München v. 26.11.2008 – 34 Wx 088/08 – DNotZ 2009, 292, 292 ff.; *Demharter,* GBO, 27. Aufl. 2010, § 20 Rn. 27; *Hügel,* in: Hügel, GBO, 2. Aufl. 2011, § 20 Rn. 46;

Eine bloße Unterschriftsbeglaubigung genügt in diesem Zusammenhang nicht. Dies hängt damit zusammen, dass § 925 BGB für die Auflassung die Erklärung bei gleichzeitiger Anwesenheit des Veräußerers und des Erwerbers vor der zuständigen Stelle (Notar) voraussetzt. Nachweisen lässt sich das Erfordernis der gleichzeitigen Anwesenheit nur durch eine notarielle Niederschrift gemäß §§ 8 ff. BeurkG, die neben der Identität der Erklärenden auch deren zeitgleiche Beteiligung am Beurkundungsverfahren bezeugt.[128]

2. Übertragbarkeit auf § 47 Abs. 2 S. 1 GBO

Die beschränkte Nachweispflicht im Rahmen des § 47 Abs. 1 GBO macht deutlich, warum bis zur Anerkennung der Rechts- und Grundbuchfähigkeit weder das Bestehen eines Gesamthandsvermögens noch das Bestehen des Gesamthandsvermögens einer bestimmten GbR im Sinne eines Richtigkeitsnachweises zu beweisen war. Dasselbe dürfte für die Neuregelung des § 47 Abs. 2 S. 1 GBO nunmehr gelten.[129] Zumindest legt die systematische Stellung des § 47 Abs. 2 S. 1 GBO es nahe, dass der Gesetzgeber in beweisrechtlicher Hinsicht an die Nachweissituation des vormaligen § 47 GBO a. F. möglicherweise anknüpfen wollte. Dies gibt Anlass, § 47 Abs. 2 S. 1 GBO im Einzelnen zu untersuchen.

a) Systematische Stellung des § 47 Abs. 2 S. 1 GBO

Einerseits könnte sich § 47 Abs. 2 S. 1 GBO darauf beschränken, die Grundbuchfähigkeit der GbR von der zusätzlichen Eintragung ihrer Gesellschafter abhängig zu machen; hinsichtlich der Nachweisführung würde er keine Besonderheiten zu anderen rechtsfähigen Personengesellschaften aufstellen. Dies würde bedeuten, dass

Böttcher, in: Meikel, GBO, 10. Aufl. 2009, § 20 Rn. 76; *Schöner/Stöber,* Grundbuchrecht, 14. Aufl. 2008, Rn. 3324; *Reymann,* NJW 2008, 1773, 1774.

128 *Hügel,* in: Hügel, GBO, 2. Aufl. 2011, § 20 Rn. 46; *Pfeifer,* in: Staudinger, BGB, Neubearb. 2004, § 925 Rn. 76; *Reymann,* NJW 2008, 1773, 1774.

129 Im Einzelnen: *Reymann,* ZNotP 2011, 84, 101 f., 103 ff.

wie bei der OHG und KG Richtigkeitsnachweis bezüglich der Existenz und Vertretung der Gesellschafter im Rahmen der §§ 20, 29 GBO erforderlich wäre. Gegen einen solchen Ansatz spricht jedoch bereits der systematische Zusammenhang des § 47 Abs. 2 S. 1 GBO zur bisherigen Regelung des § 47 GBO a. F. Dieser deutet darauf hin, dass die GbR trotz ihrer Rechts- und Grundbuchfähigkeit nicht anderen rechtsfähigen Personengesellschaften gleichzubehandeln ist, sondern einen Sonderstatus einnimmt, bei dem eng an die vormals bestehende Nachweislage anzuknüpfen ist.

Normsystematisch kann man die GBO im Grunde in drei Regelungsgruppen einteilen: Erstens die „erwerbsbegründenden" Normen, die Erklärungen voraussetzen, über deren Abgabe ein positiver Nachweis – gewissermaßen ein Wahrheitsbeweis – zu führen ist; dies sind die §§ 19 bis 27 GBO. Zweitens nachweisbezogene Normen, in denen zahlreiche Sonderregelungen zur Nachweisform des § 29 GBO geregelt sind; dies sind die §§ 30 bis 37 GBO. Und schließlich drittens die eintragungsbezogenen Normen, in denen in erster Linie Regelungen dazu getroffenen werden, welche Eintragungen mit welchem Inhalt im Grundbuch jeweils vorzunehmen sind; dies sind die §§ 44 ff. GBO. Der Gesetzgeber ordnete die Neuregelung zur GbR (§ 47 Abs. 2 GBO) der dritten Regelungsgruppe zu, was darauf hindeutet, dass die Existenz der GbR und die Gesellschaftereigenschaft der gemeinsam mit ihr einzutragenden Personen nicht durch Urkundsbeweis nachzuweisen sind.[130] Hätte der Gesetzgeber einen Richtigkeitsnachweis aufstellen wollen, hätte er die GBO-Neuregelung zur GbR wohl nicht in die §§ 44 ff., sondern vermutlich in die §§ 19 bis 27 eingegliedert.

b) Wiederherstellung des *status quo ante*

Nachgebildet ist § 47 Abs. 2 S. 1 GBO dem § 47 GBO a. F. auch insofern, als die Eintragung der Gesellschafter über die „Verfü-

130 *Ruhwinkel,* MittBayNot 2009, 177, 189; *Hertel,* in: Albrecht/Hertel/Kesseler, Aktuelle Probleme der notariellen Vertragsgestaltung im Immobilienrecht (2010/2011), DAI 2011, S. 50.

gungsbefugnis“ im weiteren Sinne informiert. Sicherlich unterscheidet sich die GbR als rechtlich verselbständigte Gesamthand von der Bruchteilsgemeinschaft dadurch, dass die Gesellschafter keine Mitberechtigung mit der Rechtsnatur „Eigentum“ am Grundstück haben, sondern nur eine Mitgliedschaft an der „Gemeinschaft“ halten, während die GbR selbst alleinige Grundstückseigentümerin ist.[131] Über die Gutglaubens- und Vermutungsnorm des § 899a BGB wird jedoch ein Großteil der Rechtsmacht, über ein Grundstück gemeinschaftlich zu verfügen, an die im Grundbuch jeweils eingetragenen Gesellschafter kraft Rechtsscheinhaftung übergeleitet, sodass § 47 Abs. 2 S. 1 GBO dem § 47 Abs. 1 GBO vergleichbar die „Verfügungsbefugnis“ verlautbart. Beweisrechtlich wäre es vor diesem Hintergrund im Eintragungsverfahren nur konsequent, dass sich die Nachweis- und Prüfungssituation im Rahmen des § 47 Abs. 2 S. 1 GBO eng an diejenige des § 47 Abs. 1 GBO anlehnt.

Hierfür spricht auch die Gesetzesgenese. Mit § 899a BGB und § 47 Abs. 2 GBO reagierte der Gesetzgeber recht kurzfristig auf die Rechtsprechung zur Anerkennung der Grundbuchfähigkeit der GbR. Beabsichtigt war, den Grundbuchverkehr zu erleichtern und die Gesellschafter wieder zum Inhalt des Grundbuchs zu machen. Auf diese Weise sollte der Eintragung der Gesellschafter wieder eine materiell-rechtliche Vermutung bezogen auf die Gesellschafterstellung und die entsprechende Anwendbarkeit der §§ 892 ff. BGB zukommen.[132] Wäre über den Inhalt des § 47 Abs. 2 S. 1 GBO ein Richtigkeitsnachweis über öffentliche Urkunden zu führen, wäre die beabsichtigte Fortführung des *status quo ante* nicht zu erreichen. Vielmehr ist hierzu erforderlich, dass im Grundbuchverfahren die GbR-Ebene ausgeblendet und die Nachweisführung über die Angaben der Gesellschafter überbrückt wird.[133] Eine solche Sichtweise legt auch Satz 2 der Regelung nahe. Denn danach gelten diejenigen Vorschriften, welche sich auf die Eintragung des Be-

131 *K. Schmidt,* AcP 182 (1982), 481, 485 f.

132 *Rebhan,* NotBZ 2009, 445, 446; *Kuckein/Jenn,* NZG 2009, 848, 848; *Lautner,* DNotZ 2009, 650, 664; *Scherer,* NJW 2009, 3063, 3063 ff.

133 Zur Wiederherstellung des *status quo ante* im Überblick: *Kiehnle,* ZHR 174 (2010), 209, 212 f.; kritisch: *Scherer,* NJW 2009, 3063, 3065.

rechtigten beziehen, entsprechend für die Eintragung der Gesellschafter. Betroffen sind hiervon vor allem die §§ 19, 22, 29, 39 GBO, die wie vor Anerkennung der Rechts- und Grundbuchfähigkeit auf die Gesellschafter flankierend zur Anwendung gelangen.[134]

c) Ausblendung der GbR und Maßgeblichkeit der Gesellschafter

Mediatisiert man die Nachweisführung zur GbR über ihre Gesellschafter, würde dies auch mit § 899a BGB harmonieren. Denn dieser nimmt seinerseits die Grundbucheintragungen zu den Gesellschaftern zum Ausgangspunkt der Rechtsscheinhaftung. Einen expliziten Rechtsscheinträger für die Existenz der Gesellschaft fordert § 899a BGB dagegen nicht. Dies überrascht, wenn man bedenkt, dass die GbR seit den grundlegenden Entscheidungen des II. und V. Zivilsenats[135] selbst Rechtsträger des Gesamthandsvermögens ist und als solcher im Grundbuch unter Angabe der Gesellschafter eingetragen wird.[136] Darüber hinaus erkennt der Gesetzgeber die Grundbuchfähigkeit mit § 47 Abs. 2 S. 1 GBO nur insofern an, als zwingend alle Gesellschafter im Grundbuch einzutragen sind. Hierdurch unterscheidet sich die GbR von anderen rechts- und grundbuchfähigen Personengesellschaften ganz maßgeblich. Nur zur GbR weist die Grundbuchordnung mit § 47 Abs. 2 S. 1 GBO eine Sondervorschrift auf, nach welcher die Gesellschafter als *pars pro toto* der Gesellschaft fungieren. Nicht der Vergleich zu anderen Gesellschaften drängt sich daher auf, sondern der Vergleich zur vormaligen Nachweislage, als die GbR noch als selbst nicht grundbuchfähiges Gebilde über die Gesellschafter unter Angabe des Gemeinschaftsverhältnisses einzutragen war.

Recht aufschlussreich sind die Ausführungen des BT-Rechtsausschusses. So bringt die Begründung zum ERVGBG zum Ausdruck, dass mit § 47 Abs. 2 S. 1 GBO die „Eintragung aller

134 *Rebhan,* NotBZ 2009, 445, 446; BT-Drucks. 16/13437, S. 24, re. Sp. unten; OLG Brandenburg v. 7.10.2010 – 5 Wx 77/10 – NotBZ 2010, 459, 460.

135 BGH v. 29.1.2001 – II ZR 331/00 – BGHZ 146, 341, 341 ff.; BGH v. 4.12.2008 – V ZB 74/08 – BGHZ 179, 102, 102 ff.

136 So *Lautner,* MittBayNot 2010, 286, 287.

Gesellschafter .. zur bestimmten Bezeichnung des Berechtigten [d. h. der GbR] grundbuchverfahrensrechtlich erforderlich, aber auch ausreichend“ sein soll.[137] § 47 Abs. 2 S. 1 GBO sollte insbesondere verhindern, dass die GbR nach Anerkennung der Grundbuchfähigkeit durch den BGH „alleine unter ihrem Namen, also ohne Eintragung der Gesellschafter“ künftig eingetragen werden kann.[138] Dies galt es deswegen auszuschließen, weil „Existenz, ordnungsgemäße Vertretung und Identität der nur unter ihrem Namen eingetragenen GbR … sich oftmals nicht in der Form des § 29 GBO nachweisen lassen“.[139] Mit § 47 Abs. 2 GBO war somit nicht mehr und nicht weniger beabsichtigt, als „dass eine GbR nur unter Angabe ihrer Gesellschafter am Grundbuchverfahren teilnehmen kann“.[140] Ohne Eintragung der Gesellschafter ist die Gesellschaft bürgerlichen Rechts somit seit dem ERVGBG grundbuch*unfähig*.[141]

Auch die Stellungnahme zu § 15 GBV zielt in diese Richtung. Laut § 15 Abs. 1 lit. c GBV sind bei der Eintragung einer GbR „in Übereinstimmung mit der Wertung des § 47 Absatz 2 Satz 1 GBO … zur Bezeichnung des Gesellschafters einer GbR dieselben Merkmale anzugeben, die bei Eintragung eines Berechtigten zu vermerken wären“.[142] Begründet wird dies damit, dass die Gesellschafter zur Identifizierung der GbR ausreichend sind.[143] Name und Sitz der Gesellschaft fungieren nach § 15 Abs. 1 lit. c GBV nur als grundbuchverfahrensrechtliches Beiwerk. Das Gesetz lässt die Eintragung dieser Angaben auf Wunsch der Praxis zu, weil keine „zwingenden Gründe“ dagegen sprechen.[144]

137 BT-Drucks. 16/13437, S. 24, re. Sp. Mitte.
138 BT-Drucks. 16/13437, S. 24, li. Sp. Mitte.
139 BT-Drucks. 16/13437, S. 24, li. Sp. Mitte.
140 BT-Drucks. 16/13437, S. 24, li. Sp. unten.
141 *Böttcher,* AnwBl 2011, 1, 4.
142 BT-Drucks. 16/13437, S. 25, li. Sp. Mitte.
143 BT-Drucks. 16/13437, S. 25, re. Sp. oben.
144 BT-Drucks. 16/13437, S. 25, re. Sp. oben; kritisch: *Lautner,* DNotZ 2009, 650, 656.

d) Richtigkeitsnachweis bezüglich der Gesellschafterstellung

Dass § 47 Abs. 2 S. 1 GBO die Nachweisführung unter Ausblendung der GbR-Ebene an die Angaben der Gesellschafter knüpft, bedeutet nicht zwangsläufig, dass auch bezüglich der Gesellschafterstellung kein Richtigkeitsnachweis erforderlich wäre. Gleichwohl überschneiden sich beide Nachweiskreise, d. h. die GbR- und die Gesellschafterebene. Denn jede Mitgliedschaft an einer GbR setzt denknotwendig deren eigene Existenz voraus. Vor diesem Hintergrund kann man bereits sagen, dass die nachweismediatisierende Wirkung des § 47 Abs. 2 S. 1 GBO ins Leere liefe, wenn wegen des Richtigkeitsnachweises auf Gesellschafterebene inzident doch wieder die GbR-Existenz zu beweisen wäre. Neben diesem Zirkelschlussargument spricht der beschränkte Aussagegehalt des Grundbuchs gegen die Notwendigkeit eines Richtigkeitsnachweises bezüglich der Gesellschafterstellung. Denn hinsichtlich der Identität ausgewiesener GbR-Mitgliedschaften weist das Grundbuch in gewisser Weise einen nur eingeschränkten Aussagegehalt auf. Ausgehend davon, dass die Identität der GbR nicht selbstständig, sondern nur anhand ihrer Gesellschafter grundbuchrechtlich festgestellt wird, können auch die eingetragenen Gesellschafter keiner eigenständig individualisierten GbR zugeordnet werden.

Geht Grundstückseigentum von einer eingetragenen GbR außerhalb des Grundbuchs auf eine gesellschafteridentische andere GbR über (Name und Sitz sind im Grundbuch nicht vermerkt) – beispielsweise weil sämtliche Anteile an einer GbR an eine andere GbR mit identischem Gesellschafterkreis übertragen werden – sind die Grundbuchangaben zu den Gesellschaften wegen des identischen Gesellschafterkreises weiterhin richtig.[145] Der Voreintragungsgrundsatz nach § 39 GBO steht einer Veräußerung des Grundstücks somit verfahrensrechtlich nicht entgegen. Zudem ist eine Grundbuchberichtigung nicht erforderlich, weil das Grundbuch jenseits der abstrakten Mitgliedschaft keinen Aufschluss über die Identität der GbR gibt. Würde man vor diesem Hintergrund ei-

145 *Rebhan,* NotBZ 2009, 445, 450; a. A. *Bestelmeyer,* Rpfleger 2010, 169, 183 f.

nen Richtigkeitsnachweis bezüglich der Gesellschafterstellung fordern, würde man bei der Eintragung einer GbR gegebenenfalls einen Nachweis verlangen bzw. eine Prüfung vornehmen, die den Aussagegehalt des Grundbuchs übersteigt. Anhand des Grundbuchs ist keine Zurechnung einer Mitgliedschaft zu einer bestimmten GbR möglich, was der Referenzfall deutlich macht, dass mehrere namenslose Gesellschaften mit identischem Gesellschafterbestand existieren. Den Nachweis der Gesellschafterstellung fordern hieße daher Beweis über die Identität einer Mitgliedschaft führen, die im Grundbuch gar nicht ausgewiesen wird.[146]

e) GbR-spezifisches Richtigkeitsdefizit

Zweifelhaft erscheint ganz davon abgesehen, ob ein Richtigkeitsnachweis bezüglich der Gesellschafterstellung zur Richtigkeitsgewähr des Grundbuchs auf Dauer überhaupt beitragen könnte. Denn auf Grund gesellschaftsrechtlicher Maßnahmen bestehen bei der GbR zahlreiche Möglichkeiten, Eigentum außerhalb des Grundbuchs übergehen zu lassen (z. B. durch eine Übertragung sämtlicher Mitgliedschaften auf ein und denselben Erwerber).[147] Hierdurch unterscheidet sich die GbR ganz maßgeblich von der Bruchteilsgemeinschaft, bei der die Berechtigten ihre ideellen Anteile nur durch Auflassung und konstitutive Eintragung übertragen können (§§ 873, 925 BGB). Dagegen können die Grundbuchangaben zu den Gesellschaftern einer GbR sprichwörtlich „in jedem Moment“ unrichtig werden.[148] Dies liegt daran, dass Veränderungen auf Gesellschafterebene keiner konstitutiven Grundbucheintragung bedürfen. Ähnlich wie eine notarielle Beurkundung des Gesellschaftsvertrages nicht verhindert, dass die Gesellschafter im nächsten Moment mündlich abweichende Vereinbarungen treffen, liefert eine Richtigkeitsprüfung im Eintragungsverfahren keine

146 Im Einzelnen: *Reymann,* ZNotP 2011, 84, 106 ff.
147 Im Überblick: *Böttcher,* AnwBl 2011, 1, 7 f.
148 *K. Schmidt,* AcP 182 (1982), 481, 488 ff.

Gewähr dafür, dass der Grundbuchinhalt nicht im nächsten Moment durch gesellschaftsrechtliche Maßnahmen obsolet wird.

Um den Rechtsverkehr trotzdem effektiv zu schützen, hat der Gesetzgeber den Gutglaubensschutz über § 899a BGB ausgeweitet. Eine Richtigkeitsprüfung im Eintragungsverfahren würde demgegenüber keinen Mehrwert erbringen. Denn nicht die fehlende Richtigkeitsprüfung bei der Ersteintragung der GbR, sondern – wenn überhaupt – die fehlende Richtigkeitsprüfung bei nachträglichen Änderungen im Mitgliederbestand ist für die Richtigkeitsgewähr des Grundbuchs abträglich. Nachträgliche Änderungen liegen nicht nur zeitlich betrachtet näher bei der Weiterveräußerung bzw. bei etwaigen Verfügungen der GbR als die Ersteintragung der GbR. Bei ihnen wäre eine Richtigkeitsprüfung auch deswegen eher angezeigt, weil der Anreiz zur zeitnahen und wahrheitsgemäßen Berichtigung für die Gesellschaft und die Gesellschafter geringer ist. Nachträgliche Änderungen wirken im Gegensatz zur Ersteintragung der GbR nur deklaratorisch, weswegen der Anreiz für die Gesellschafter geringer ist, im Grundbuch zu den Gesellschaftern nur Richtiges zu verlautbaren. Ganz anders ist die Ausgangslage bei der Ersteintragung der GbR. Hier haben die angeblichen Gesellschafter ein eminentes Eigeninteresse, Falschangaben zu vermeiden, um den Rechtsübergang auf die GbR als existierendem Rechtsträger sicherzustellen.

f) Verfahrensrecht als „dienendes Recht“

Die Notwendigkeit eines Richtigkeitsnachweises dürfte letztlich wohl auch von dem Postulat des „dienenden Rechts“ des Grundbuchverfahrensrechts nicht ausgehen. Einerseits hat das Verfahrensrecht zwar die Funktion, dem materiellen Recht zu „dienen“.[149] Aus diesem Grund muss sich das Verfahrensrecht dem materiellen Sachenrecht insofern unterordnen, als es das Ziel der konstitutiven Grundbucheintragung gemäß § 873 Abs. 1 BGB zu erreichen

149 *Krüger*, NZG 2010, 801, 802 f.

gilt.[150] Hieraus kann andererseits aber nicht geschlossen werden, dass das materielle Recht in das Verfahrensrecht hineingetragen werden muss.[151] Dies gilt insbesondere für die Rechtsfähigkeit der GbR. Materielles und formelles Grundstücksrecht sind im Grunde zwei strikt voneinander zu trennende Rechtsgebiete, die sich nach Wesen, Voraussetzungen und Wirkungen streng voneinander unterscheiden.[152] Somit handelt es sich bei dem Verfahrensrecht um keine rangniedrigere Rechtsquelle, dem gegenüber das materielle Recht ähnlich dem Anwendungsvorrang des EU-Rechts Vorrang beansprucht.

Demzufolge dürfte die Rechts- und Grundbuchfähigkeit der GbR es nicht ausschließen, eine erwerbende GbR auch dann einzutragen, wenn hinsichtlich ihrer Existenz und ihrer sonstigen Verhältnisse kein positiver Urkundsbeweis erbracht ist. Sicherlich muss der Gesetzgeber gewährleisten, dass sich im Rahmen des § 873 Abs. 1 BGB Einigung und Eintragung decken. Bejahte der BGH 2006 einen Grundstückserwerb der GbR selbst bei Eintragung nur ihrer Gesellschafter, dürfte eine bloße Nachweismediatisierung gemäß § 47 Abs. 2 S. 1 GBO erst recht unschädlich sein.[153]

3. Fazit zu den Nachweisen im Rahmen des § 47 Abs. 2 S. 1 GBO

Zusammenfassend ziehe ich folgendes Fazit: In Anlehnung an § 47 Abs. 1 GBO und die frühere Rechtsprechung zur GbR ist den Vorgaben des § 47 Abs. 2 S. 1 GBO zu entnehmen, dass bei der Eintragung einer erwerbenden GbR im Grundbuch als Grundstückseigentümerin weder über die Existenz und Identität noch hinsichtlich der Vertretung der GbR ein Richtigkeitsnachweis in der Form des §

150 OLG Köln v. 29.11.2010 – I-2 Wx 26/10, 2 Wx 26/10 – juris-Datenbank, Tz. 23; *Leipold,* FS Canaris, 2007, S. 221, S. 232; *Böttcher,* in: Meikel, GBO, 10. Aufl. 2009, Einl B Rn. 6.

151 Mit Blick auf die Auflassung: OLG Köln v. 29.11.2010 – I-2 Wx 26/10, 2 Wx 26/10 – juris-Datenbank, Tz. 22; *Böttcher,* in: Meikel, GBO, 10. Aufl. 2009, Einl B Rn. 5.

152 *Böttcher,* in: Meikel, GBO, 10. Aufl. 2009, Einl B Rn. 5.

153 BGH v. 25.9.2006 – II ZR 218/05 – NJW 2006, 3716, 3716 f.; vgl. hierzu auch: *Krüger,* in: FS Zimmermann, 2010, 177 (180); *Toussaint,* in: jurisPK, BGB, 5. Aufl. 2010, § 899a Rn. 13.

29 Abs. 1 GBO zu erbringen ist. Notwendig und ausreichend dürften vielmehr beurkundete Erklärungen aller Gesellschafter in der Auflassung sein, aus denen Identität, Existenz und Vertretung der GbR hervorgehen. Dies ergibt sich nicht nur aus der systematischen Stellung des § 47 Abs. 2 S. 1 GBO, sondern auch aus dessen Gesetzgebungsgenese und seinem Sinn und Zweck. Folgt man dem, dürfte das Grundbuchamt in Anlehnung an die zu § 47 Abs. 1 GBO entwickelten Grundsätze nur dann einen Richtigkeitsnachweis bezüglich der Existenz, der Identität und der Vertretung der erwerbenden GbR verlangen, wenn hinreichende Anhaltspunkte für das Unrichtigwerden des Grundbuchs vorliegen.

VI. Zusammenfassung

Das Ergebnis meiner Untersuchung möchte ich thesenartig wie folgt zusammenfassen:

1. Entgegen dem derzeit vorherrschenden Meinungsbild legt § 47 Abs. 2 S. 1 GBO es nahe, dass das Grundbuchamt grds. keinen Richtigkeitsnachweis beim Erwerb durch eine GbR verlangen kann. Hierfür sprechen systematische, teleologische und gesetzesgenetische Aspekte. Folgt man diesem Ansatz, erübrigt sich beim Grundstückserwerb durch eine GbR die Diskussion, ob und inwiefern über einen in öffentlicher Urkunde abgefassten Gesellschaftsvertrag Richtigkeitsnachweis im Grundbuchverfahren geführt werden kann.
2. Nimmt man § 47 Abs. 2 S. 1 GBO zum Ausgangspunkt der Betrachtung, müssten die angeblichen Gesellschafter in der notariell zu beurkundenden Auflassung lediglich Erklärungen zur Existenz, Identität und Vertretung der Erwerber-GbR abgeben. Die Richtigkeit dieser Angaben könnte das Grundbuchamt dann nur in den Grenzen des Legalitätsprinzips überprüfen. Eine Richtigkeitsprüfung wäre im Rahmen des § 47 Abs. 2 S. 1 GBO schon deshalb nicht angezeigt, weil sie die Richtigkeitsgewähr des Grundbuchs nicht maßgeblich erhöht. Denn außergrundbuchliche Veränderungen auf Gesellschafterebene sind in jedem Moment möglich.

Podiumsdiskussion
Empfiehlt sich die Einführung eines GbR-Registers?

Den gelungenen Vorträgen folgte am Nachmittag eine angeregte Podiumsdiskussion, in deren Mittelpunkt die Frage stand, ob sich als Lösung der aufgezeigten Probleme die Einführung eines GbR-Registers empfiehlt. An der Diskussion nahmen renommierte Kenner der Materie wie *Dr. h.c. Hans-Joachim Bauer* (Präsident des Thüringer Oberlandesgerichts a.D., Speyer), *Horst Bestelmeyer* (Dipl.-Rechtspfleger, Gauting) und *Dr. Jürgen Schmidt-Räntsch* (Richter am BGH, Karlsruhe) sowie die Referenten teil.

Unter der Moderation von *Prof. Dr. Stefan Hügel,* Präsident der Thüringer Notarkammer und stellvertretender Vorsitzender des Instituts für Notarrecht, wurden Erfahrungen aus der Praxis ausgetauscht und darüber diskutiert, ob und wie sich die Nachweisprobleme praxisgerecht lösen lassen. Während *Bestelmeyer* noch einmal dezidiert die Schwachstellen der gesetzlichen Regelung aufzeigte und auf das Erfordernis einer Richtigkeitsgewähr vor dem Hintergrund eines möglichen gutgläubigen Erwerbs hinwies, betonte *Bauer* den verfassungsrechtlichen Aspekt der Situation und appellierte sowohl an die Rechtsprechung als auch den Gesetzgeber, geeignete Lösungen zu entwickeln. *Schmidt-Räntsch* hob hervor, dass der BGH bei Bejahung der Grundbuchfähigkeit der BGB-Gesellschaft auf den Gesetzgeber vertraut habe. Zu seinem Bedauern habe sich allerdings herausgestellt, dass hier auch weiterhin große Rechtsunsicherheiten bestehen. Einigkeit erzielten die Beteiligten darüber, dass die derzeitige Situation untragbar sei. Zwar habe der Vorschlag *Reymanns* einiges für sich, allerdings könne auch dieser Ansatz keine langfristige Lösung darstellen. Die Beteiligten sprachen sich deshalb für die Schaffung eines fakultativen öffentlichen GbR-Registers aus.

Zur Frage, ob künftig allen BGB-Gesellschaften eine Eintragung gestattet sein sollte, plädierte *Ulmer* dafür, die Registerfähigkeit auf die Außen-GbR mit Identitätsausstattung zu beschränken. Bedenken hiergegen kamen jedoch aus den Reihen der Tagungsteilnehmer auf. Betont wurde, dass eine Abgrenzung von bloßen Innengesellschaften in der Praxis durchaus Schwierigkeiten bereiten könne; als Beispiel wurde die Ehegatten-GbR angeführt. In der Folge sprachen sich *Schmidt-Räntsch* und *Häublein* für eine großzügige Betrachtungsweise der Registerfähigkeit aus. Um das Auftreten neuer Probleme zu verhindern, sollte die Möglichkeit der Registereintragung künftig allen BGB-Gesellschaften offenstehen. Die Eintragung erfolge freiwillig; notwendig werde diese jedoch, wenn die GbR selbst Grundstückseigentum erwerben möchte. Angesichts der Erfahrungen mit der Einführung des Partnerschaftsregisters kamen die Beteiligten einmütig zu dem Schluss, dass die Ausgestaltung entsprechender Regelungen keine großen Schwierigkeiten bereiten dürfte. Die Kosten für die Einrichtung eines Registers wurden von allen Seiten als überschaubar eingeschätzt.

Thesen

Ausgehend von der gelungenen Aufbereitung der Problemlage durch die Referenten und den sachgerechten Hinweisen und Lösungsvorschlägen im Rahmen der Podiumsdiskussion ergeben sich folgende Thesen:

1. Die Rechtsprechung des BGH[1] zur Rechts- und Registerfähigkeit der BGB-Gesellschaft hat im Grundstücksbereich viele Probleme geschaffen.

2. Die auf Klarstellung abzielenden Regelungen im ERVGBG haben nicht vermocht, die Unsicherheiten zufriedenstellend zu lösen. Das gilt vor allem in Fällen, in denen die GbR als Erwerberin von Grundeigentum auftritt und sich ihre Gesellschafter nicht auf die Vermutung des § 899a i.V.m. § 891 BGB berufen können. Der Gesetzgeber ist daher zu einer baldigen Reaktion aufgerufen.

3. Empfohlen wird die Schaffung eines fakultativen öffentlichen Registers für Gesellschaften bürgerlichen Rechts. Gegen einen Registerzwang spricht die Vielfalt und Unterschiedlichkeit des Erscheinungsbildes von BGB-Gesellschaften. Um den Anforderungen des Grundbuchrechts Rechnung zu tragen, wird eine Eintragung jedoch dann notwendig, wenn die Gesellschaft selbst Grundbesitz erwerben möchte.

4. Zur Vermeidung schwieriger Abgrenzungsfragen bezüglich des Vorliegens einer Außengesellschaft mit Identitätsausstattung oder reinen Innengesellschaft sollte die Registerfähigkeit großzügig ausgelegt werden.

5. Zu klären bleibt, ob ein separates GbR-Register eingerichtet werden sollte oder die Öffnung des Handelsregisters geboten ist.

1 BGH, Urt. v. 29.1.2001 – II ZR 331/00 – BGHZ 146, 341 und BGH, Beschl. v. 4.12.2008 – V ZB 74/08 – BGHZ 179, 102.

Wie der Vergleich mit dem Genossenschafts-, Vereins- oder Partnerschaftsregister zeigt, scheinen die Amtsgerichte für die Führung des Registers durchaus geeignet.

6. Eine Beschränkung des § 899a BGB auf das dingliche Rechtsgeschäft hat der Gesetzgeber des ERVGBG nicht gewollt. Ein solches Verständnis ginge zu Lasten der Vertragsparteien und des Rechtsverkehrs, da das dinglich wirksam übertragene Recht kondizierbar wäre. Mit dem Gebot der Rechtssicherheit und einer in sich widerspruchsfreien Rechtsordnung ist dies nicht zu vereinbaren.

7. Wünschenswert erscheint daher eine Klarstellung durch den Gesetzgeber, dass § 899a BGB auch Auswirkungen auf das der dinglichen Rechtsänderung zugrundeliegende schuldrechtliche Geschäft hat.

Zeitfracht Medien GmbH
Ferdinand-Jühlke-Straße 7
99095 Erfurt, Deutschland
produktsicherheit@kolibri360.de